WEALTH

天窗出版

港樓變薪術

李澄幸、陳智鑾 著

目錄

第一章 —— 變薪前：先認清港樓價值

第二章 —— 移民前：學懂稅務再變薪

第六章 —— 變薪之後再投資 —— 花紅篇

推薦序

李明正

上市公司獨立非執行董事
MGL 諮詢公司董事總經理
《移英財稅七步走》聯合作者

很多香港人的理財哲學都和物業有關，例如「一間舖養三代人」、「一生三宅」、「以房養學」，不同年代、不同階層的人，普遍都能通過投資達到各自的人生理財目標。有需求自然有供應，坊間持續有各式各樣的物業投資講座、課程及書籍，主題卻往往圍繞著「如何創富」，集中討論財富增值技巧，卻缺少了「人」的元素，只將理財狹義地聚焦在「投資」上。

《港樓變薪術》是市場上鮮有將住宅物業視為「資產」，並從個人規劃、全方位理財的角度與讀者探討處理物業時的思考與部署。兩位不同背景的作者，就時下最多人關注的話題「移民潮」及「人口老化」，以立體的方式提供一系列物業理財的應用技巧，大至資產活化的層面、被動現金流規劃，小至從以人為本的角度道出移民後遙距管理物業的難點。書中的文字淺白易明，但所帶出的很多見解和資訊，都並非一般的「內容農場」，而是作者們寶貴的實戰經驗及多年的工作心得；不論是希望留港退休，還是有移民計劃的朋友，在考慮如何處置物業，甚或是善用物業時，都值得借鏡。

正如上文所述，本書以物業結合個人理財及人生規劃為特點，部份內容更進一步有系統地將物業結合政府退休政策，例如「安老按揭」、「公共年金」，以及傳統物業投資書籍很少提及的個人法律工具，例如「平安三寶」，令讀者能輕鬆地將私人物業、自身家庭理財規劃及法律保障連結起來，協助跨代家長在新趨勢下解決不同的理財難題。當然，「投資」依然是理財的一大部份，如何將老化物業轉化為投資機會，亦是合乎社會現況的創富方式。

《港樓變薪術》是一本「以人為本，與時並進」的物業理財著作，對於個人或家庭成員有移民計劃的人士，我個人特別建議在決定買賣物業前應該細讀，善用本「書」智慧，華麗「變薪」，將你的物業變成「黃金屋」，讓各位不論未來是在本地還是海外生活、退休都能順順利利，富足安心。

推薦序

股榮
財經專欄作家

買「磚頭」過去一直是港人投資重要部份，亦是最重要的資產。很多人歸咎近年樓市低迷與以十萬計移民潮有關，不過熱潮已過，經濟亦隨全面開關而復蘇，但樓市仍然呆滯，關鍵原因是投資價值已經變質。買樓收租獲取的回報只有2%、3%，把閒資放在其他資產類別甚至乎定存，已經能穩陣獲取高息。

昔日投資者能容忍港樓低回報，前設是他們認為樓市有升值潛力，深信未來出售回報會遠高於收租，遂不介意坐貨等運到。樓市要重演2008年金融海嘯後的大升浪，不是不可能，只是礙於目前客觀形勢（供應及回報）及政治國策方向，港樓叻極都只能跟通脹走。

已部署移民，或未諗住走的朋友，都面對重大的抉擇難題：究竟目前應否沽港樓？抑或用作部署退休？

澄幸兄最新著作，剖析移民潮下港樓新方向，除了投資價值，亦在理財規劃上著墨，無論是走或留，如何作出最精明部署，以及如何用盡港樓作出最佳規劃及退休傳承。這本《港樓變薪術》相信能紓解此刻港人對樓市忐忑的心情，閱畢亦知道如何作出有利自身的抉擇。

推薦序

Wendy Ng

《全球樓行》聯合創辦人

港樓過去一直是升市的火車頭，不少港人窮一生的努力只是為了上車置業。調查報告顯示，香港連續13年成為全球樓價最難負擔城市，市民需要不吃不喝18.8年才能買樓。

然而，香港經歷兩次移民潮及疫情打擊，港樓升市的神話終於「暫時」破滅。說「暫時」，因為港樓仍是不少港人的主要資產，甚至是唯一的資產，同時不少港人已供滿樓，持貨能力強，加上香港「地少人多」，供不應求之下，樓價雖未如以往大升，抗跌卻能力不減。

移民潮下，不少港人選擇「沽港樓換外國貨」，是否有更好的回報？尤其近年面對加息、能源危機及高通脹，環球經濟疲弱，多國數據紛紛展現出樓市衰退。反觀港人已熟悉整個港樓投資市場、法律及按揭流程，比起重新學習另一個國家的投資市場來得容易。

人生在不同的階段有不同的追求，然而在追求目標時，亦需為自身，甚至家庭佈下理財的「安全網」。《港樓變薪術》確是一本有獨特見解的「樓市理財書」，移民不急沽港樓避稅、用盡港樓來退休、甚至手把手教你挑選優質舊樓博重建等，題材新穎、見解精闢！絕對可以為投資「磚頭」的朋友提供更詳盡的資訊！

推薦序

程俊昌
Gifford Chen

Libertas 財富傳承專家
香港財務策劃師學會 評估及監察委員會主席

非常榮幸能向大家推薦《港樓變薪術》。認識李澄幸先生已接近二十年,當年我作為中大西安交流團的組長,需完成不少任務及活動,而我想分享的是:凡是諮詢他的事情,他必定提供具有創意,有理有據的可行建議。初識之時,他已是一個專業謹慎的人,凡事了解清楚,才會提出準確建議,往後的合作中他亦始終如一。因此,我深信大家閱讀本書,都可以獲取有啟發性,正確而實用的理財知識。

「財富是認知的變現,憑運氣賺的,最終會憑實力虧了。」如何提升對財富的認知,是每個生活在現代資本主義社會的人,需要終身學習的事。而「港樓」正是不少人畢生奮鬥的財富累積成果,豈能輕率了事?

跟李先生一樣,我亦是一名CFP認可財務策劃師。從2008年開始,我便在理財策劃行業的前線,服務超過300個家庭,當中不乏高資產與牽涉多國身份的家庭。要真正做好一個家庭的理財規劃,不能只是單純考慮回報或投資,更要思考如何設計架構,建立被動收入,讓資產得以保護,財富可以傳承,企業長青發展,家庭成員能夠和睦快樂,後輩能夠有良好的教育,有充足的動力去發奮工作,從而為社會

貢獻，使價值觀得以流傳等等。我深信人需從多角度去看一件事，才不會犯瞎子摸象的毛病。

此書內容，正是從多角度出發，包括投資、理財、交易、法律、稅務、按揭、退休等，既廣而深，深入淺出地分析彼此如何互相影響，讓讀者全盤考慮自己手上物業資產的價值，並從案例中學到如何制定理財策略，在物業書籍中實屬難得一見。書中更有轉載相關連結及工具，非常實用。

孫子兵法云：「夫未戰而廟算勝者，得算多也；未戰而廟算不勝者，得算少也；多算勝，少算不勝，而況於無算乎？吾以此觀之，勝負見矣。」

「廟算」是古代行軍作戰前，在廟堂裡制定戰略和戰術，先計而後戰。如果在計劃的過程中都未有勝算，實際能夠成功的機率，就更微乎其微。現代理財規劃，道理相同：沒有考慮整體人生階段規劃的投資，無異於把結果交予運氣。

《港樓變薪術》正是一眾香港業主的「理財廟算手冊」，尤其在風雲變幻的時代中，此書定能夠幫助大家在理財以及人生路上，決勝千里。

推薦序

卓啟雄

Franky Cheuk

AGBA環一財富管理有限公司（FOCUS富康）
高級業務拓展總監

香港人一直離不開「樓」這個話題，無論你是長中青、有樓階級還是無樓一族，都可以隨時掀起激烈討論。新一代年輕人對於買樓置業嗤之以鼻，鼓吹YOLO，不想成世做「樓奴」被束縛；有樓人士則擔心樓市氣數已盡，掙扎是否應該減磅離場；有些則趁近期樓市價格回落，政府減辣在即，摩拳擦掌部署再度入市；亦有移民人士紛紛賣樓，希望避開日後交重稅⋯⋯

由於過去香港樓價長期高企，長升長有，造就許多香港人致富，甚至信奉買磚頭是必贏的投資工具，所以以上掙扎實屬情有可原。但無論你支持買樓與否，退休這個議題都是所有人必須要面對的，而房地產在退休規劃中扮演著一個非常重要的角色。假設你現時手持有幾層樓，每月收租固然輕鬆簡單，但隨著年紀與樓齡同時增長，面對租務問題及物業大廈維修管理等風險，可會造成負擔？待百年歸老，物業又是否一個好的傳承工具？如果只得一層自住物業，如何透過物業製造現金流，優化退休後的生活質素？就算你是反對買樓人士，你有否想過當活到八九十歲的時候，想租樓是否那麼輕易，如何解決自住的問題？

兩位作者都是我中大經濟系的同學，Ray精於理財規劃已是街知巷聞，尤其對於退休策劃的見解最為獨到；Thomas 從事地產物業市場多年，經常於不同報章媒體發表樓市心得；兩位今次首次聯手合作，從多角度分析樓市，再教大家如何活化物業，製造源源不絕的「薪金」，優化退休生活。

無論此刻你「有樓揸手」還是「無殼蝸牛」，對樓市前景樂觀還是悲觀，本人深信Ray及Thomas的專業精闢分享，定會衝擊閣下思維！

目序

李澄幸

很高興繼《移英財稅七步走》之後，有機會再一次和天窗出版社合作，推出這本最新的著作《港樓變薪術》。本人的專業是財務策劃，通俗一點來說就是「理財」，但一直有感於書本上的理財知識比較枯燥，亦未必跟得上大眾的生活變化，所以一直致力將各種生活議題與理財結合，包括退休和移民等等，亦因此決定撰寫《港樓變薪術》，進一步將大部份香港家庭的最大資產「港樓」結合退休和移民兩大生活議題，針對性開展相關的理財討論。移民前如何決定港樓去留？留港退休又該如何用盡港樓？亦會分享一些親身經驗及觀察，與大家一起多元地看港樓這個資產。

過去多年，香港樓價升幅甚巨。大部分香港家庭的財富都配置於物業市場上，不少人亦因物業而致富。坊間不時有金融機構的研究或調查指「物業已晉身成為香港家庭的最大資產」，這可謂是一個「阿媽係女人」的發現，但有趣的是傳統理財教學似乎跟不上這個節奏。翻開理財教科書，將港樓結合理財規劃的內容可謂少之又少。不過，物業既是個人財富的最大構成部分，豈有不關心的理由。如何活化物業產生現金流？如何善用港樓支持退休生活？

自己移居或子孫移居所引伸的稅務考慮？如何更有效將港樓傳承給後人？這些都和財富息息相關。

筆者既是一名認可財務策劃師，也是港樓的用家，買賣過公屋和私樓，也曾以公司股權轉讓的方式買入物業。回想起剛剛畢業之初，關於港樓的決策，發現「讀書」真的沒太大的幫助，相信很多朋友都一樣，要靠自己到處搜集較零碎的資訊，再DIY與港樓有關的理財方案。筆者比較幸運，身邊有不少具經驗的朋友，其中一位是本書的聯合作者陳智鑾（Thomas），他自大學時期已經開始投資物業，買賣和收租的經驗均相當豐富，特別是精於舊樓以及重建收購，同時具豐富的銀行業經驗。很高興這次可以和Thomas合作出版《港樓變薪術》，由我主力提供多元化的策劃思路，以及移居和退休的一些案例，而Thomas則主力提供他對於舊樓投資的寶貴知識和經驗，一起為讀者們送上「物業＋理財」的資訊，助大家規劃好最大的資產「港樓」，理財路途自然更順暢！

最後，特別感謝我的太太和兩位寶貝女兒，你們的支持是我努力工作的最大動力來源！

自序

陳智鑾

感謝 Ray 的邀請，很榮幸能夠和天窗出版社合作，出版我的第一本作品。過去 20 年港樓的升浪令不少人致富，筆者算是其中比較早買樓的一群。沙士後，當時樓市正值低谷，筆者憑着分析市場數據，判斷單計租金收入，「港樓」是非常抵買的投資項目，從而開始物業投資之旅。在近 20 年間，本人參與過不少本地物業買賣，住宅、商鋪、工廈、酒店收購，連比較冷門的強制拍賣與海外房地產項目開發都有涉獵。

隨著投資經驗日漸增多，筆者發現大部分人都只在乎樓價升跌，簡而言之，即是只著重物業的投資功能，買樓只要三年賺一筆錢，SSD 一到期就換樓再找新投資目標。當然，升市時人人都是投資專家，深信「有買貴無買錯」的大有人在，較短視亦無可厚非。其實，物業尚有很多隱藏功能，只是短炒賺價吸引力太大，很多人都無暇深入了解罷了。

早在 10 年前，筆者已經嘗試從不同角度，發掘物業與理財之間的話題，希望大家能好好善用物業這個近在眼前，但又最陌生的重要資

源。筆者曾在報章專欄、訪問、講座中分享「物業＋理財」的規劃知識。而Ray一直是退休策劃的先行者，在各種理財工具的應用，包括「退休三寶」等都有其個人見解。今次出版《港樓變薪術》，正好將我倆各自的專長融合，擦出新火花。

執筆期間，適逢樓價調整，坊間已經有不少人吹淡風，「買樓的遊戲規則已經改變」、「移民潮人人沽樓」、「九運港樓無運行」等說法滿天飛，我們應該如何自處？為何筆者於沙士時人棄我取，決定開始買樓投資？因為筆者相信分析、相信數據。大趨勢常常隱藏在數據中，等我們發掘。所以本書亦由數據分析開始，與大家一一拆解傳言，協助大家在大時代中安身立命，定好目標前行。

本書還著重介紹如何透過物業去製造現金流，「變薪」方式千變萬化，總有一招可以助你達至理想的退休生活，而筆者肯定這些議題日後會越來越多人留意。畢竟，我們正經歷自1997年後最大的移民潮，需要更深入地思考物業投資的問題，了解如何將自己的理財目

標與物業連結起來，才能有效理財，將物業帶來的利益最大化。

在此要特別感謝我的父親陳國標中醫師，他充滿智慧，而且好學不倦，即使現在仍每天學習新知識，經常與我分享所學，是我的榜樣，寫書的過程他亦經常提供寶貴意見，讓本書得以完成。

同時，我亦要感謝相識20多年的好友——本書的另一位作者Ray，他一直致力將退休與理財規劃提升至新高度，為大眾帶來不少新思維，本書的整體規劃、退休和理財的資訊以及大部分案例都是他的心血結晶，今次能夠成書，Ray簡直功不可沒。

如果你都想對物業有更深入的認識，在物業投資上更加成功，學習更進階的「變薪」技能，本書的知識將是你不可或缺的參考，讓大家在不同的人生階段中都能做好相應的規劃。

事不宜遲，讓我們一起與港樓共舞，來一場華麗「變薪」吧！

導言

憑港樓「變薪」 更豐盛人生

常言道理財以人為本，故理財更應該從一個人的需要以及生活出發。很多人不關心甚至逃避理財，因為怕看見那些一堆堆冷冰冰的數字。但其實撇開「理財」字眼，內裡包含的議題卻與我們的生活息息相關，例如「樓」，無論你選擇買抑或是租，都與日常開支和個人財富有莫大的影響。所以港樓是最多香港人共同關心的話題，亦是理財規劃的重中之重，甚至乎是沒有「之一」。

港樓作為多數人最大的資產，性質亦最為特別，除了可滿足自住需要，對沖租金的通貨膨脹；只要運用得宜，更可以化身為被動收入為自己「加薪」，作為財富增值的工具，同時能將財富「薪火相傳」。

不過，市場上有關港樓的主流資訊普遍以「估升跌」為主，但即使是世界上最頂尖的分析員，其預測的命中率亦難以超過六成，所以與其聽從短線的預測，不如從自身需要以及長線角度出發，做好自己與家人的財務準備與理財規劃，創造被動收入安享退休更為實際。本書將從近年最多人關心的生活議題「移民潮」和「人口老化」説起，

與讀者一起針對性將港樓和理財規劃作更深度的結合，務求將港樓價值最大化，齊齊「變薪」！

本書將針對以下三大業主群組作詳盡的分析：

計劃於未來移民的業主

香港自2020年起再掀移民潮，但和1997年有所不同，是次選擇移民的家庭普遍會先作更精心的部署，走得十分急的只在少數，他們如何處理香港資產的模式亦大相逕庭，特別是對於港樓的去或留顯得更加慎重，皆因：

- 前車可鑑，97移民潮回流的港人普遍望樓興嘆，有人錯過了樓市升幅，從此由業主變為租客，即使沽樓後再投資的成績亦不如理想；

- 港樓於過十幾年持續升值，已經搖身一變成為大部分香港家庭的最大資產，動輒佔其「身家」七成或以上，決定去或留更為困難；

- 很多人決定移民都是為了子女的教育，兼趁機多拿一本外國護照傍身，至於將來會否再回到香港「搵銀」或退休，不少人都拿不定主意。

即使手上只持有一層自住用的港樓，但移民後港樓的角色就不一樣了，可以選擇收租「化薪」，幫補外國的生活開支。不過聽説外國重

稅，保留港樓會否「交稅交到窮」呢？**本書建議讀者在釐清稅務問題後，如有回流的可能性，可以保留至少一層港樓為未來「留一手」，而當中還可作更多聰明的部署：**

- 如何善用按揭計劃提供節稅現金流？

- 如何為遙距管理物業作更周全的部署？

- 如何「三代同堂」一起規劃從而發揮最大的理財優勢？

以上問題將於**第二及第三章**與大家探討，並以最熱門的香港人移民目的地英國為例子，深入淺出地解釋相關的稅務考慮及港樓部署思路。事實上，就算無關移民潮，今後的環球人口流動性亦只會愈來愈強，早點裝備相關知識，對於港樓的部署自然事半功倍。

計劃留港退休的業主

人口老化是全球的大趨勢，香港亦處於浪潮當中，退休策劃顯得前所未有地重要。港樓是很多退休人士最大的財務後盾，值得好好規劃，現時更疊加了移民潮的影響，新詞彙「移民遺老」正正反映了這個現況。

「移民遺老」指的是年輕人到海外展開新生活，但父母習慣香港生活，無意跟隨，令雙方都陷入難題之中。當然，「移民遺老」這個詞彙相當負面，甚有炒作及標題黨之嫌，不過其相關影響的確存在。

雖然每個家庭的情況都不一樣，但可以肯定的是，退休策劃將進入「新常態」：一家三代分散世界各地愈見普遍，每個人都必須在財務和生活上更獨立自主，替自己規劃好退休部署。以下人士，更加首當其衝需要關心這個課題：

- 自己打算移民但「四大長老」留港退休；

- 剛移民外地，計劃待子女適應了外國生活，自己再回港退休；

- 子女已移民，但自己決定留港退休。

你需要進一步關心的事宜包括：

- 考慮到將沒有子女的照料，如何去挑選一個適合自己退休的居所？

- 港樓作為自己手上最大的資產，如何用盡其價值，讓自己的退休生活更豐盛？

- 如何用盡「安老按揭」創造現金流，並結合政府的「退休三寶」打出一套「組合拳」？

- 子孫已在外國生活，想日後將港樓傳承給他們要注意甚麼？

第四和第五章將會和大家一起探討以上問題，更會教留港退休的業主如何利用港樓「變薪」化作長糧，以及理財和生活方面的各種部署。

心大心細的業主與投資者

即使是無意移民的家庭，也無可避免地受到疫情和美元加息等各項衝擊；港樓迎來了一次重大調整，廣大業主可謂「躺著也中槍」畢竟睇淡港樓容易，做空港樓無門，你可能正在思考：

• 應否趁機沽出物業，未來伺機再買入？甚麼物業才有投資及傳承價值？

• 社區重建引伸的「舊樓期權」是否值博？

• 以買賣公司形式買樓可以省回不少印花稅，當中還隱藏著甚麼成本與風險？坊間的「集資重建」又是否陷阱？

第六章會結合數據和筆者們的個人經驗，為大家提供更多元化的角度去思考港樓的投資部署，為大家拆解近年流傳的各種千奇百怪物業投資機會，更會針對性地探討買入舊樓博收購這個熱門題目！

本書討論的並不只是港樓投資，旨在提倡完整的理財規劃，每個人都應該用盡手上的財富，過一個更豐盛的人生以至退休生活。希望本書的內容可以協助每一位讀者將手上港樓的價值最大化，齊來憑港樓「變薪」！

第一章
變薪前：先認清港樓價值

1.1

負產資急增＝樓市差？

移民潮之下，單計2022年，代表香港樓市的中原城市領先指數（CCL）由年頭的185.19下跌至年底的157.22，跌幅達15.1%，是金融海嘯後最大的單年跌幅；如果從2021年8月的歷史高位計，跌幅更達18.3%，有人會擔心如果移民潮持續，港樓購買力亦將持續縮減，令樓市崩潰。

更甚的是，香港負資產宗數在2022年第三季急升，突破了1萬宗，業主／準業主難免擔心港樓會否從此一蹶不振？

本章旨於從理性角度分析以及檢視當下港樓的實際情況，助大家找出上述問題的答案。先説結論，筆者認為答案是否定的，香港樓市不會崩潰，港樓仍然有價值，繼續是很多香港家庭手上最大的資產，與其盲目看淡，不如多加規劃積極「變薪」，各式各樣的思路及部署將會由第二章開始詳述。

負資產　不代表要急急沽樓

大家先代入一下以下情境，便會明白部分負資產業主的想法：假設

你剛買了1,000萬港元的單位,做了新裝修,一家人準備開開心心入住,忽然有人拍門表示想以800萬買你的單位,你會有甚麼反應?你收入穩定,口袋有錢,你肯定會叫他「過主」。劈價?賤賣?與你何干?負資產宗數多,是否代表將湧現大量的二手劈價盤,相信不然。

截至2022年第四季,負資產的宗數雖然有12,000宗,但只佔香港按揭總數約2%;相比2003年沙士時期負資產超過105,000宗,佔香港按揭總數多於22%,現在的數字其實低得多,對業主的影響遠不及當年。

圖表1.1　2003年第二季及2022年第四季香港負資產相關數字比較

季度	負資產宗數	按揭總數佔比	拖欠銀行供款比率
2003年第二季	105,697	22%	2.28%
2022年第四季	12,164	2.1%	0.06%

資料來源:香港金融管理局

單純以負資產數字判斷業主的財務狀態,以為可以此預測樓市走勢,其實暗藏盲點。舉例說,統計處公佈的個人入息及家庭入息數字,媒體經常藉以大做文章,比如打出標題說「月入超過8萬元便已經『叻過』90%的人」之類。其實,香港高收入人士真的這麼少嗎?拋開報稅的問題,很多有錢人,比如公司老闆或全職投資者,「出糧」出一蚊就夠了,政府統計處的入息數字只是非常基礎的參考,難以揭示港人全面的入息狀況。

拖欠銀行供款比率　見真章

負資產的數字也一樣，就算口袋有錢，你同樣有權申請高成數按揭，甚或一些金融機構的職員更可以申請到100%的按揭。假如你手上有現金300多萬港元，你只需100萬便可申請九成按揭，買入價值1,000萬的自住單位，即使樓價下跌15%，物業市價下跌至850萬，你的物業成為負資產，但你仍有200萬現金可以自由運用，你的總資產仍然是正數！這是真正的「負資產」嗎？有需要「滾水淥腳」急急沽樓嗎？顯然不需。

想了解香港業主的真正債務情況，更重要的指標應該是拖欠銀行供款比率。如果業主拖欠供款超過三個月，銀行很大機會採取行動追回貸款，可能要賤賣物業。不過，2022年第四季的拖欠率只有0.06%，對比沙士時期超過2%，數字低很多。另外，與沙士情況不同，現時銀行有更嚴格的貸款標準，樓市亦較少投機者，過度借貸以致斷供的情況，相信並不是主流。

過去幾十年，香港樓市經歷了高高低低，銀行與業主的立場已經很清晰，大家實際上利益一致，銀行收回銀主盤不但花費人力物力，除了要以低於市價出售，更令銀行壞帳增加，影響業績；所以遇上拖欠供款，銀行寧願與客戶溝通，安排債務重組，只要業主願意繼續供款，便算雙贏。

人口老化　有利樓市穩定

自從移民潮再現，每當翻開報紙雜誌有關港樓的新聞，經常出現「劈價」或「急賣」的大字標題，但那到底是個別例子抑或市況主流，各位只要自己去「睇樓」行一圈，相信一定心裡有數。

無可否認，的確有業主「劈價」或「急賣」，背後原因各異，但亦可以肯定有另一群業主是不可能「劈價」或「急價」的，那就是準備退休或已退休的業主。

筆者相信，該群為數不少的年長業主正是香港樓市的「穩定器」，隨著本港人口老化，即使樓市有所調整亦跌幅受限；讀者們不必被樓市「標題黨」震走而「劈價急賣」，那怕是未有計劃移民的業主都一樣，應該先認清手上港樓價值及個人理財需要，從而決定港樓去留。

年長業主　八成供滿樓

根據統計處資料所示，60歲以上年長人士自置居所比例從1997年的21.4%上升至2019年的41.2%。

而退休人士的自置居所比例亦從1997年的16％上升至2019年的29.5%。相反，35歲以下的年輕業主所佔比例大減。可見，年長人士是港樓持貨的「大戶」。

圖表 1.2 1997 至 2019 年期間本地自置居所戶主的特徵及變化

35 歲以下年輕人士
22.1% ▶ 7.6%

60 歲以上年長人士
21.4% ▶ **41.2%**

退休人士
16.5% ▶ **29.5%**

根據2021年人口普查，現時香港六成業主已經沒有按揭在身，而年長的業主中，更高達八成已全面繳清按揭貸款；幾乎可以斷言，他們沒太大的供款壓力，即使經濟週期向下，他們不但沒有急沽物業的需要，甚至有餘力添置額外單位收租，或者協助子女置業。

同時，這一群「大戶」還在陸續增加中，因為香港人平均壽命「世一」，自2014年起連續多年蟬聯為全球最長壽地區，平均壽命達85.29歲。事實上，長者持有物業的特點是持貨期較長，皆因沒太多人願意在退休後改變自己的投資習慣。

長者甚少考慮移民

潮流興移民，那年長業主有可能因為移民而沽出港樓嗎？以熱門移

民目的地英國為例，截至2022年12月，有約14萬BNO VISA申請人到了英國生活，當中30歲至50歲的人群佔比約40％，正值上有老、下有小的年紀，他們會帶同子女一起去英國，所以20歲以下的群組也佔約30％。對比之下，60歲以上的群組只佔約8％。

可見，大部分年長人士既不移民又沒有賣樓的壓力，甚至視港樓為他們退休的最大資產。所以，筆者可以肯定地說，年長或者已退休的業主是港樓的價格「穩定器」。

圖表1.3　港樓主要低迷時期的中原指數比較

時間	最高	最低	跌幅
1999年6月至2003年8月（沙士）	56	32	-43%
2008年6月至2008年12月（金融海嘯）	73	56	-23%
2021年8月至2022年12月（Covid-19）	191	156	-18%

雖然是次樓市調整未知是否已完結，但自2021年起的調整可謂集合前兩次的所有負面因素於一身，包括移民潮、COVID 19、加息週期以及金融市場動盪！但樓價跌幅反而較為溫和，與人口老化的趨勢相信有微妙的關係。

1.3

「新香港人」引發買樓潮

人口結構的變化，絕對是左右樓市走向的關鍵因素之一，前文提及人口老化是港樓價格的「穩定器」，但移民潮做成的人口流失卻是新的變數。

無可否認，香港現時正經歷自1997年回歸以來的最大移民潮；2022年的施政報告顯示，過去兩年，本地勞動人口流失約14萬，亦有估計現時移民人數已超過30萬。只是，我們也不要忽略「新香港人」所帶來對置業或買樓投資的購買力。

吸引境外人才來港的政策

一般市民也會關心人口流失的問題，政府又豈會坐視不理，畢竟人口是重要的政經指標之一。香港政府自2023年開始，先後推出不同政策，以吸引境外人才來港，包括：

1. 「高端人才通行證計劃」：吸引高年薪（年薪達 250 萬元或以上）及高學歷（畢業於全球百強大學）人士來港工作，不設限額；

2. 取消「優秀人才入境計劃」的年度配額;

3. 即將在2023年重新推出「資本投資者入境計劃」,預計申請人需要投資本地資產高於一千萬港元。

4. 現時新來港人士買樓,需支付買家印花稅和雙倍印花稅(現為30%),當成為永久居民後,可申請退回多付的印花稅。

以上政策的目的旨在吸引數以萬計的境外高端人口來港,從而長線提升香港競爭力,同時以置業優惠希望能刺激樓市,因為一般來說高資產、高收入人士來港後,就算不一定全部買樓,都有需要租屋,對物業市場有正面支持。

「雙非嬰」成年　可獲首置名額

另外,還有一批潛在購買力將會在未來幾年逐漸浮現。自2000年開始有一批「雙非嬰兒」在香港出世,直到2012年政府明令停止,期間出生的雙非人口累積超過20萬人;當中有一定比例的嬰兒在私家醫院出生,當時「蒲頭」來港去私家醫院生BB的家庭,一般來說應有不錯的經濟基礎。

當時的雙非嬰兒現已逐漸成年,2024年開始,每年將有約20,000至35,000名雙非嬰兒年滿18歲,而他們成年後便能獲得一個首置名額,對比非香港永久居民要「硬食」30%印花稅,首置名額的吸引力應該非常大,估計能成為購買力的數目亦不能忽視。

即使只有四分一人會即時置業，即是每年約有4,000至9,000人，等於每年香港物業成交數的6至13％，相信能彌補部分因移民而流失的購買力。

圖表1.4　「雙非嬰兒」成年數目統計

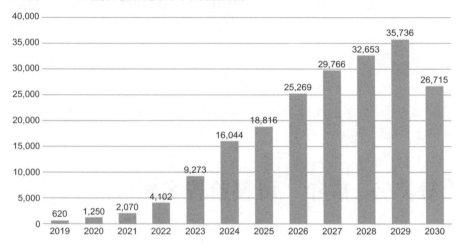

自置居所比率　香港有上升空間

客觀而言，港樓價格雖然從歷史高位調整了約18%，但其實樓市並非一面倒只有壞消息；市場情緒就像鐘擺，從一端擺向另一端是常態，惟幅度難料，但轉向也可以是轉眼間，特別是香港本身也有不少人等「上車」。

圖表1.5　實際公私營房屋落成量VS長策會公佈的供應目標

年度	住宅落成量	長策會目標	累積供應短缺
2015/16	28,859	48,000	-19,141
2016/17	32,084	46,000	-33,057
2017/18	34,629	46,000	-44,428
2018/19	40,422	46,000	-50,006
2019/20	33,993	45,000	-61,013
2020/21	25,647	43,000	-78,366
2021/22	46,982	43,000	-74,384

參看以上數據，香港的房屋實在長期供不應求；而另一方面，參看以下的圖表1.6，可見香港的自置居所比率為 51%，明顯低於全球的富裕地方，理論上仍然大有上升空間，因為富裕經濟體系的自置居所比率通常超逾 60% 的水平；這些經濟體系包括美國（63%）、歐盟 27 個成員國的平均數值（69%），鄰近的亞太區經濟體系，自置居所比率亦於這個水平徘徊，當中包括南韓（59%）、日本（61%）、澳洲（63%）、台灣（85%）及新加坡（90%）。

圖表1.6　2018至2020年間先進地方的自置居所比率

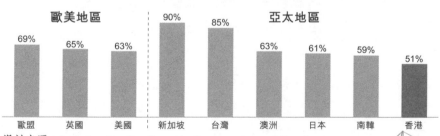

資料來源：Organisation for Economic Co-operation and Development

淡淡定 有錢剩

所以，筆者建議大家，除了看新聞、聽預測，更應該多參考數據、從不同角度分析，並且做好自身的理財規劃。這樣，無論你計劃移民、準備退休還是趁機加大投資，對於港樓的規劃以至實際行動，才有指導性的意義！

當然，如果移民潮繼續，港樓的去或留對大部分讀者來說仍是重大抉擇，例如計劃不久離港的業主是否應將港樓「先沽為敬」？即使不打算移民，業主是否怕手上最大的資產持續貶值影響未來生活，而應該趁高減磅，「現金為王」呢？不少未上車的朋友思考是否要上車，已上車的則考慮是否「先下車，再上車」等等⋯⋯

綜合本章的論點，筆者認為香港樓市仍有可為，業主們不需因悲觀而急急沽貨，但亦不代表盲目保留港樓便是正途！而是需要因應每個人或家庭的情況，作出最切身的規劃。更進一步地說，其實決定港樓的去或留亦只是理財規劃的其中一步，無論是去是留，只要用對方法，都能利用港樓有效「變薪」。

下一章會與大家深入探討，從個人或家庭財務規劃的思路出發，決定港樓去留並發揮港樓的最大價值。

第二章

移民前：學懂稅務再變薪

2.1

「港樓斷捨離」的基本準則

移民不只是考慮個人的去向，同時要考慮資產的處理，港樓作為多數人的最大資產，決定其去或留是理財規劃的第一大步，保留港樓的好處是為未來「留一手」，同時又可以變成一份收入，為移民後的生活「加薪」，但很多有意移民的朋友心裡都拿不定主意。其實，只要從實際生活需要和理財角度出發，很容易便可以歸納出一套適用於普遍人的判斷準則。

簡單來說，筆者建議：如果有回流的可能，又已經釐清了稅務影響，保留港樓，或者說以家庭為單位保留至少一層港樓，可能是最適合大部分人的選擇！大可不必「跟風」沽樓。

準則①：回流的可能性

每個人移民的原因各有不同，有些人打算陪伴小朋友到外國升學、有些打算「坐移民監」換取多一本護照，當中亦有人因記掛香港家人而決定兩邊走。至於最終是否會再回香港生活，很多人心裡也說不

準。如果孑然一身，或者可以是一場説走就走的旅行，可惜以上情況只屬少數，並不適用於絕大部分已經成家立室的讀者朋友。

客觀而言，除非「一家三代」決定一起移民，否則日後回流的機會不容忽視。

以最熱門的港人移民目的地英國為例，據統計數字，已有約14萬港人移居英國，當中以中年人士為主，所以肯定會「帶仔囡」，但他們父母留港的機會則相當大。所以，如果因為部份家庭成員移民，而令生活有所改變的家庭，可能達10萬個以上！除非你六親不認，否則移民後要徹底對香港的人和物「動態清零」，真是談何容易。

圖表2.1　截至2023年移民英國人口相關數據

爺爺　嫲嫲　　公公　婆婆

一個移民決定，隨時影響三個家庭的理財規劃！

爸爸　媽媽

團團　囡囡

- 已有約 14 萬人移民英國
- 推算 37,000 個家庭已移民英國
- 需要調整理財規劃的家庭推算達 11 萬個
- 未來或繼續增加

準則②：再投資的風險及值博率

我們管理資產，在沽出物業前已經要考慮再投資的部署，否則不算是完整和良好的決策；沽出港樓後，就不應繼續停留在準備階段，而是要著手執行再投資計劃。舉例說，假設你的目標是沽樓後移民兼退休，那你應該在沽樓前仔細考慮：

退休就需要被動收入，自己已經習慣了被動收租，現時要沽出港樓，轉投金融市場有信心嗎？

以下的模擬案例雖然天馬行空，但大家可藉此思考被動收入的構建：

模擬案例 ——
套樓換股　回報不夠「使過世」

陳先生準備退休，他計劃沽出手上物業，預期扣除所有雜費可以取回400萬港元。如何善用這400萬產生被動收入，是他心裡的一個難題，到底應該買股票還是債券？股票的回報肯定較高，但該買哪一個國家或地區的股票呢？

幸運的是，陳先生手上有一台時光機，他馬上手持400萬現金回到1973年，因為他知道美國股票市場是未來幾十年表現最好的市場之一。在1973年，投資400萬於美股指數並持有至2021年年底的話，400萬將增值至超過5億元，複式回報大約每年10.5%。

圖表2.2　陳先生由1973年至2023年第一季的預期資產增長

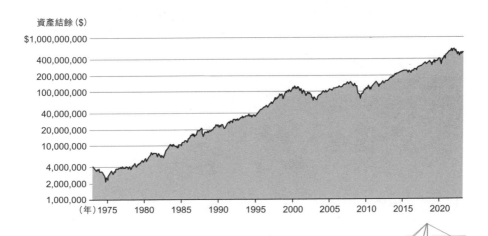

陳先生打算將400萬「All in」到這個複式回報達10.5％的投資市場；因為他自問對生活要求不高，認為一年只需要從股票組合提取20萬元便夠生活費，及後只按通貨膨脹調整。

你認為陳先生的投資計劃可以令他安心「使過世」嗎？

雖然根據歷史，400萬會連本帶利會變5億，陳先生又尚算節儉，但原來答案仍然是否定的：

圖表2.3陳先生由1973年至1992的實際資產下降

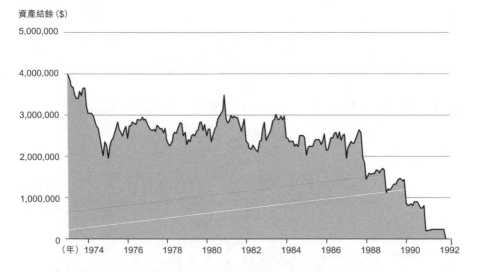

資產結餘($)

他的投資本金將於1992年耗盡，即19年後就已經「清零」！為甚麼呢？這就是所謂「回報序列」的理財風險。股票的波幅比物業大得多，希望保持穩定的現金流需要更高超的投資技巧。相反，租金收

入對於大部分人來說都較易管理，畢竟每月「有數得計」。如想用盡港樓製造被動收入「變薪」，甚至變出足夠退休的金額，更多的資訊將於第四章作詳盡說明。

筆者並不是否定金融工具預期回報高及資金較靈活等優勢，但理財習慣的確人人不同。以上案例旨在說明，各位在沽出物業前，必須先考慮清楚下一步的投資部署，而新的部署又是否自己得心應手的範疇，否則一動可能不如一靜。

準則③：稅務與「真回報」

很多朋友都知道保留港樓可以為未來回流「留一手」，同時免卻沽樓後再投資的風險；但亦有很多人想「睇定啲先」，希望等適應了新生活才考慮是否沽出港樓，不想急於一時。

不過，有一道「催命符」彷彿在逼迫大家做決定——就是稅務問題。外國出名高稅，保留港樓雖有潛在好處，但如果「交稅交到窮」，豈不是「白做」？所以，各位做決策前必須裝備更多與港樓相關的稅務知識。以下繼續用英國為例子，大家可參可圖表2.4，更深入了解相關的稅務資訊。

備註：*本篇章的例子大多以英國為主，因為英國是港人最熱門的移民目的地，其實相關的部份策劃思路或同樣適用於其他高稅的國家或地區。*

圖表2.4　英國2023/24年度三大個人稅務一覽

英國稅務居民 收入稅階	入息稅 Income Tax		資產增值稅 Capital Gain Tax		遺產稅 Inheritance Tax
	儲蓄及 非儲蓄收入	股息	房產	其他	
£125,140+	**45%**	**39.35%**	**28%**	**20%**	免税額最高 £50萬 税率劃一 **40%**
£50,271 至 £125,140	40%	33.75%	28%	20%	
免税額至 £50,271	20%	8.75%	18%	10%	
免税額	£12,570	£1,000	£6,000		

在此只是先讓大家對外國稅務有初步概念，下一章節2.2會再深入解釋。**簡言之，如計劃保留港樓收租要注意入息税；想移民後才賣出港樓要注意資產增值税；希望百年歸老後將港樓留給後人則要注意遺產税。**知道稅務的實際影響之後，便可以更客觀地衡量保留港樓的潛在好處與壞處，好好規劃港樓該如何處置。

綜合以上三個準則，相信大家在判斷港樓斷捨離與否時，將會清晰明瞭很多，能因應自己及家庭的需要而部署港樓的去留。

2.2

移民後留港樓收租 慳稅有計

英國實行全球徵稅制度,簡言之,只要成為英國的稅務居民,移民人士在全球世界各地的資產,包括港樓,也需要向英國稅局「交代」。保留港樓收租的好處,當然是可以提供穩定的租金收入支持移民後的生活。但不要忘記,港樓的租金收入是需要報稅的,而英國的入息稅稅率可高達45%。保留港樓收租,扣除維修費、雜費以及轉換租客引伸的空租期,即使一年收足12個月租金,隨時只有6個月租金可以實際「落袋」!

所以,「稅」必然是決定保留港樓收租與否的關鍵考慮之一,畢竟如果大部分租金收入都英國稅局拿走,保留港樓收租豈不是很笨?**這個疑問對於不同的家庭有不一樣答案。其實,保留港樓收租不一定要交「重稅」,這就是為何筆者再三強調盡早規劃的重要性。**

英國入息稅的計算方法

想慳稅就必須先裝備相關的稅務知識，以下就先用與每個家庭都息息相關的入息稅為例，讓大家了解英國入息稅的規則，進而了解保留港樓收租是否需要交重稅。

圖表2.5　英國2023/24年度入息稅階參考

英國稅務居民收入	入息稅
英鎊 125,140 或以上	45%
英鎊 50,271 至 125,140	40%
免稅額至英鎊 50,270	20%
免稅額：英鎊 12,570 或以下	0%

英國的入息稅稅率高達45%，因應收入水平而設有不同的稅階，例如低稅階的稅率只是20%。另外，英國入息稅設有免稅額，假設你的收入來源只有租金，而每年所收的租金低於英鎊12,570（折合約港元12萬），那便不用繳交英國入息稅。

模擬個案 —— 計好入息 享低稅階或免稅

陳先生和陳太太計劃移民英國，他們有一層已供滿的港樓，市值1,000萬港元。如假設每年的租金收入是港元25萬，是否值得保留港樓收租？需要交很多稅嗎？如何慳稅？

情況① 聯名持有港樓 攤分租金入息

陳先生和陳太太以聯名方式持有該層港樓,而他們打算移民到英國後便退休,沒有工資收入。故此,以每人獨立計算的話,租金各分一半,即每人每年的租金收入是港元12.5萬,低於英國入息稅的免稅額。所以,陳先生和陳太太基本上不用繳納英國的入息稅。

備註:簡化例子,假設英鎊兌港元匯率為1:10,亦忽略匯率波動等其他具潛在影響未來入息計算的因素。

情況② 單名持有港樓 避開高稅階

移民英國後,陳太太會當全職家庭主婦照顧子女,而陳先生則繼續工作。假設陳先生全年的工資收入達港元100萬(折合約英鎊10萬),累進稅階達到40%。不過,香港物業是由陳太太持有,每年

租金收入港元25萬（折合約英鎊2.5萬），累進稅階只是20％，其實和香港物業稅的15％的差不多。租金收入在扣除入息稅後，仍然有約80％「落袋」。

總括來説，交重稅與否的關鍵在於個人入息，只要每年加上租金後的個人總入息低於50萬港元，仍然處於英國入息稅稅階20％，租金的稅後回報其實和香港相差不算十分大。

可見，從稅務角度看是否值得保留香港物業收租，並不能單單考慮該地區的稅率高低，而應該檢視：

• 租金以外的收入

• 港樓由哪位家庭成員持有或如何持有

保留港樓收租不一定交稅交到窮，關鍵在於規劃和部署！

不需要急沽港樓避稅！

看過上一章節的分析，大家也會明白，只要事先計算好入息並做好部署，其實保留港樓收租的入息稅的威脅不一定大，但為何坊間主流的説法，都認為應該在移民前沽出港樓避稅呢？

主要因為外國的稅務制度複雜，除了收租要交稅外，他朝一日賣樓賺了錢也要報稅。繼續以英國為例子，英國的資產增值稅高達28％。

英國資產增值稅的計算方法

假設你手持的港樓在1980年買入，當時的價值是200萬港元，你於2023年出發移民英國，其時的物業價值是1,000萬，若然你於移民七年後賣出物業，屆時的物業價值是1,500萬。

圖表 2.6a　移民前後物業價值

買入物業	移民英國	移民英國七年後
1980 年	2023 年	2030 年
物業價值： 200 萬港元	物業價值： 1,000 萬港元	物業價值： 1,500 萬港元

英國資產增值稅的計算辦法相當「辣」，是以資產的「買入價」作為「成本價」，與你何時移民沒有關係。所以，黃先生於 2030 年沽出港樓，他需要就 1,300 萬的賣樓收益繳交資產增值稅，可高達：

2030 年樓價（1,500 萬）－ 1980 年樓價（200 萬）X 28% ＝ 364 萬

備註：假設以上為非自住物業，並簡化匯率等其他因素。

既然英國的資產增值稅如此之「辣」，那麼移民前是否需要急沽？以下是兩個常見情況，如正確部署可節省高額產增值稅：

策略① 回流後賣樓　免資產增值稅

續上述例子，移民英國後，港樓的價值從 2023 年的 1,000 萬升值至 2030 年的 1,500 萬，如果不沽出是否需要邀交資產增值稅呢？答案是不需要的。

何時賣出港樓的決定權在你手，假設你於 2031 年回流香港，該年度和及後 5 年都不再是英國的稅務居民（通俗一點就是之後 5 年都不在英國

生活），其時沽出港樓，可以免交英國資產增值稅，有意回流的人士值得留意這個規則！以上述的例子為例，隨時可以節省幾百萬稅款：

圖表2.6b　回流前後物業價值

買入物業	移民英國	移民英國後	子女已適應生活，隨時可以回港
1980 年	2023 年	2030 年	2031 年後
物業價值：200 萬港元	物業價值：1,000 萬港元	物業價值：1,500 萬港元	物業價值：1,500 萬港元

假如在2030賣出物業，需繳資產增值稅高達364萬；假如在2031年回流後才賣樓，只要部署得當，資產增值稅是0元！

策略② 賣自住物業 選對時機獲稅務豁免

續上述的例子，如果該物業屬於自住物業的話，英國有一項稅務規則叫做「自住物業稅務豁免」（Private Residence Relief），妥善運用規劃好移民與賣樓時機，有助節省資產增值稅，其相關的詳細說明及部署策略可參看本書作者之一，李澄幸（Ray）的另一聯合著作《移英財稅七步走（增強版）》第三章。

另外，沽樓與否並不能只考慮稅，更重要的是市場狀況和自己的主觀預期，從以下的模擬個案可以看到，樓價走勢比起潛在稅款，對賣樓收益所造成的影響同樣重要！

模擬個案 ——
移民前劈價沽樓　回報少一半

陳先生於2016年買入一層港樓作投資用途，當時的買入價是800萬港元，而類似單位的近期成交價是1,000萬。陳先生的目標價也是1,000萬，但現時交投相對淡靜，相信短期內難以1,000萬的價格沽出。現時，陳先生決移民到英國生活，正考慮沽出上述物業。但到底是出發前急沽？還是到埗英國幾年後，待香港樓市回穩才沽出比較好呢？為避資產增值稅，是否需要劈價求售呢？

選擇① 　移民英國前劈價沽出物業：

圖表2.7a　陳先生現時劈價賣樓的預期利潤

減價（%）	賣出價（港元）	獲利（港元）
N/A	1,000 萬	200 萬
5%	950 萬	150 萬
10%	900 萬	100 萬

選擇② 　移民英國後，先繼續收租再慢慢放盤，假設3年後樓市回暖並以心目中的理想價格1,000萬沽出物業：

圖表 2.7b　陳先生移民後賣樓的預期利潤

買入價 （港元）	賣出價 （港元）	增值 （港元）	資產增值稅 （28%）	獲利 （港元‧稅後）
800 萬	1,000 萬	200 萬	56 萬	144 萬

另外，由於有3年的租金收入，假設每年租金的稅後收入為22萬，3年則合共66萬，整體獲利約**210萬**（增值144萬 + 租金66萬）。

備註：以上皆為簡化例子，忽略了免稅額等的影響，亦沒有計算佣金等雜費。

從上述的模擬例子可以看到，只要預期港樓的價格回升，那在移民英國後才沽出物業，就算要繳納28％的資產增值稅，稅後的獲利仍明顯優於「滾水碌腳」式沽貨。物業是否需要急沽，稅務問題只是考慮因素之一，你需要進一步考慮：

1. 回港處理資產的可能性

2. 港樓價格回穩的可能性

3. 手持的物業屬於自住或投資

總括而言，除非有迫切的理由必須馬上劈價沽樓，否則筆者並不建議急沽，而且該「迫切理由」更不應只是為了避稅！

非英國居籍
港樓不用交遺產稅

上一章節提到「稅務身份管理」是應對英國稅務的手段之一，配合回流的規劃，在脫離英國的稅務居民身份後才處理資產，是絕佳的節稅手段之一。

不過，心水清的朋友可能會問：我可以控制自己何時回港及沽出港樓，但不能控制自己幾時死！人生總有意外，而英國的遺產稅稅率是40％，豈不是很可怕？

對於以上問題，筆者的答案是：是的！英國的遺產稅稅率很高，欠缺規劃的話隨時令物業「六折落袋」！所以，如果你希望持物業在手，但又擔心早逝風險引發遺產稅問題，那比起沽港樓而改買英國樓，保留港樓應該是你的更佳選擇，因為港樓有其獨特的稅務優勢。

不設遺產稅　香港人身在福中

圖表2.8　部份主要國家或地區的遺產稅稅率

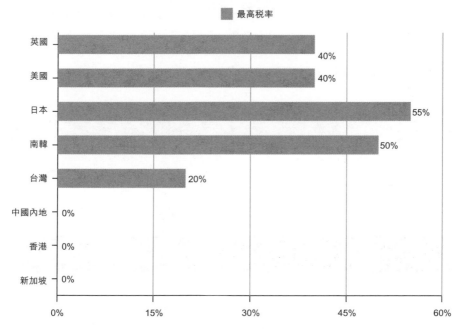

備註：圖表僅供參考，詳情請參閱相關國家或地區官網。

從稅務角度而言，由於物業的「屬地原則」，簡言之，你今天在英國、美國、日本或南韓置業，即使你不移民去當地，只要在當地有物業，離世後都需要面對當地遺產稅的問題。所以，選擇資產所在地是很重要的一步，亦解釋了為甚麼很多外國人會跑到香港或新加坡買樓，只是香港人已經習慣了這個先天的優勢而不自知而已。

成為「英國居籍」需繳遺產稅

既然普遍香港人對遺產稅的概念都比較陌生,以下我們繼續以移民英國做例子,探討一下大家最關心的問題:離世時將港樓留給港人要交高額遺產稅嗎?首先,你需要分清楚英國的兩種稅務身份:

圖表2.9　英國居民的兩種稅務身份

稅收制度基本概念	
稅務居民 Tax Residence	英國居籍 UK Domivile
關聯 + 居住天數	**意圖**無期限居留當地
環球收入徵稅	遺產稅
所得稅	
資產增值稅	

需要繳交英國的遺產稅與否,主要視乎業主是否屬英國居籍,如果不是英國居籍的話,所持的港樓是並不會被納入英國的遺產稅稅網,而英國樓則無論如何亦需要繳遺產稅,那到底香港人移民後,何時會成為英國居籍呢?通俗來説,現時的主流意見是移居英國15年後。

圖表2.10　英國居籍與非英國居籍的遺產稅分別

		港樓	英國樓
英國遺產稅			
英國居籍		✓	✓
非英國居籍		✗	✓

由此可見，持有港樓比起英國樓更能避免遺產稅，尤其是有計劃回流的讀者。因為即使回流前意外離世，只要一天未成為英國居籍，也不用怕為家人帶來突如其來的遺產稅負擔；相反，如果移民前急急沽出港樓去買英國樓，而又規劃不善，就等於主動跳入英國遺產稅稅網了。

2.5

合理「借錢」 惺稅兼創造現金流

看完前面的章節，相信各位對港樓與外國稅務的關係都有了比較清晰的概念，明白在移民前應該如何作稅務考慮與港樓規劃。但筆者需在此強調，稅務只是完整的理財規劃中的一個元素，本書的目的是教大家做好規劃，運用港樓達至「財富最大化」，而不是只教大家慳稅！事實上想少交一點稅並不難，身無分文便不用交稅，所以記得不要本末倒置！

前文一直在討論稅的原因是教大家利用港樓「變薪」，但如果這份薪金扣稅後所剩無幾，便不是好的現金流了，釐清稅務問題才能安枕無憂。

適當「借錢」增加現金流

除了慳稅之外，其實有一個更直接而有效的方法去增加現金流——就是借貸！借貸又名融資，在財富管理中其實有著重要的功能，但在香港通常不被重視，甚至會被貼上一個壞標籤，基本上「借錢」給

人的印象都是走投無路、逼不得已的選擇，沒有人將「借錢」主動融入到自己的理財規劃當中。

當然，就如貸款廣告中的警世字句「借定唔借，還得到先好借」般，筆者亦絕不建議大家胡亂借貸，而是要教大家精明、合理地「借錢」，甚至可以說，合適的「借錢」對於移民家庭來說，是必須掌握的理財技巧。因為「善用負債」應對外地稅項，有時會帶來意想不到的效果，例如當你「表面上身無分文」，潛在的遺產稅負擔自然相應減少。

冷門的借貸──「逆按揭」

提到合理地借錢，一般家庭都會對「按揭」較為熟悉，其實市場上還有另一種被忽略的冷門按揭方式，就是「逆按揭」。「逆按揭」在香港的官方名稱為「安老按揭」，在進一步說明如何將其用於獲取節稅現金流之前，先來做一下「科普」：

「安老按揭」是由香港按揭證券有限公司（「按證公司」）推出，由銀行提供的抵押貸款安排，貸款抵押品就是你的物業。簡言之，就是一般按揭計劃「反轉來做」，將你的物業抵押給銀行，換取銀行的貸款，這些貸款以年金的方式領取，可以按固定年期或終身每月領取，為退休生活帶來穩定的現金流。

「逆按揭」在香港不知不覺已經推出了超過10年的時間，自2011年推出至今，經歷過多次優化，以下是部分主要的變更：

圖表2.11 「逆按揭」的主要優化

2012 年
借款人的最低年齡由 60 歲降至 55 歲；並調升樓價上限由 800 萬至 1,500 萬

2015 年
抵押的物業毋須為借款人的主要居所（但借款人不可將該物業出租）；借款人可將多於一個物業作為計劃的抵押品

2016 年
加入未補地價居屋

2019 年
抵押的物業可以出租，但借款人需已持有該物業一年以上

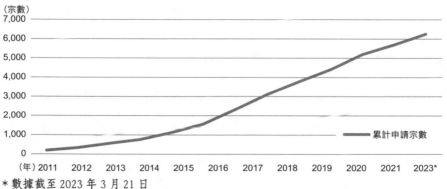

備註：詳情請參閱官方網站並以官方網站為準

「逆按揭」剛推出時，申請比較冷淡，但經過多次的優化令「逆按揭」計劃更具彈性、適合更多人群，申請宗數便從 2017 年起有明顯加速上升的趨勢。

圖表2.12　2011 年至 2023 年「逆按揭」申請宗數

（宗數）

累計申請宗數

（年）2011　2012　2013　2014　2015　2016　2017　2018　2019　2020　2021　2023*

＊數據截至 2023 年 3 月 21 日

可能有朋友會説，「逆按揭」推出至今超過十年，累計申請宗數都只是約6,200宗，反應不算十分熱烈吧！不過，筆者相信未來將會愈來愈多人選擇申請，原因和移民潮也有著直接和間接的關係，而潛在的申請者將會包括有計劃移民的業主以及留在香港養老的業主，本章節將先集中討論前者，後者則留待第四章再作探討。

「安老按揭」不只適合老人

「安老按揭」給人的的印象刻板，當中亦有不少人誤解：

- 申請人都是年紀較大的老人家

- 只適合沒有錢的老人家

- 用於申請的物業多數是樓齡較高或質素較低

不過，只要細心翻查官方的數據，便可知上述的印象並不正確。以下是有關安老按揭的主要統計數字。

圖表 2.13「安老按揭」主要統計數字

累計申請宗數：6,219 宗

申請類別

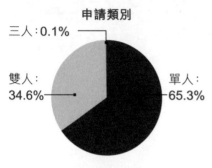

三人：0.1%
雙人：34.6%
單人：65.3%

年金年期

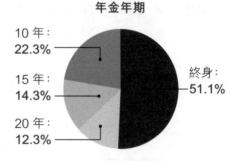

10 年：22.3%
15 年：14.3%
20 年：12.3%
終身：51.1%

借款人年齡

平均 68 歲
（介乎 55 歲至 103 歲）

物業估值 *

平均 590 萬港元
（介乎 36 萬至 6,500 萬港元）

每月年金

平均 17,700 港元
（介乎 0 至 198,000 港元）

物業樓齡

平均 31 年
（介乎 1 至 71 年）

（以上數據截至 2023 年 3 月 31 日）

* 價值超過 800 萬港元的物業或任何安老按揭的轉按物業，可用作計算年金的樓價須作出折讓，樓價上限為 2,500 萬港元。

資料來源：香港按證保險公司

從以上官方公布的主要數據中，可以發現一些有違一般人「常識」的現象：

- 借款人年齡最低是55歲，換言之並不是老人家，還包括提早退休的業主！

- 物業估值可以高達6,500萬，換言之並非只有沒有錢的人會申請！

- 物業樓齡可低至1年，換言之連一手樓也有人拿出來申請！

「貸款」與「入息」有別　享稅務好處

「安老按揭」的名字由於有「安老」二字，或多或少給人錯誤的印象，但其實計劃絕對不只是適合老人。如果你希望提早退休，年紀亦接近55歲，又打算移民的話，以下的知識你絕對需要掌握：

安老按揭所產生出來的年金在名義上是一筆收入，但之前的章節都一直提及，但凡「收入」都會帶來潛在的稅務負擔；但現在所說的年金，實際上是一筆由銀行提供的「貸款」！既然是「貸款」，在稅務上的考慮自然不一樣，還能帶來有不少潛在的好處。事實上，在香港政府的福利政策當中，這些將自住物業作抵押以申請安老按揭計劃，而所獲得的每月款項是不會計算為「入息」的，這個大原則在世界各地均普遍適用。

模擬個案 ——
以「貸款」慳稅　同時保留居所回流

陳先生和陳太太（均為55歲）婚後一直享受二人世界，他們並沒有兒女，而且由於相熟的親戚都相繼移民，二人沒有太多負擔和顧慮，決定提早退休並到處旅居。不過，他們擔心在某一國家居住幾年後，會成為該國的稅務居民，引伸不同的稅務影響，如何做好退休收入的規劃是他們面對的難題。

陳先生和陳太太擁有一個香港物業，市值800萬港元，他們申請安老按揭，選用定息計劃及終身領取，每月可領取的年金金額是港幣12,720元。由於現時安老按揭計劃容許物業出租，所以在他們到處旅居時，預期每月能收取租金港幣16,000元，即是他們可以獲取每月港幣28,720元的總收入。

值得留意的是，由於所領取的年金金額並不是「真收入」，而是一筆貸款，所以不計算為入息，一般情況下不需要向外國稅局納稅，變相只有一半的收入需要交稅，亦保留了未來回港養老的居所！

看到這裡，讀者應該會發現原來外國稅不如想像中可怕，結合適當的規劃和理財工具更可以有意想不到的效果！而其實逆按揭／安老按揭還有其他好處，待第四章才繼續向大家講解。

備註：年金金額只供參考，詳情請查閱安老按揭官方網站。

第三章
薪火相傳的港樓

3.1

移民後沽樓？
「匯款制」有得救！

經過上一章的分析，各位計劃移民的朋友，應該都已明白保留港樓為未來回流留一手的好處，而且稅務問題並非如想像般可怕，甚至可以用港樓產生節稅現金流。

不過，所謂「計劃趕不上變化」，萬一做好他日回流的規劃，到真正移民後卻愛上了新生活，決定「落地生根」，就連回港幾年，脫離外

國稅務居民身份都不願意，又如何是好呢？是否要「硬食」高額資產增值稅？

解決辦法的確存在，這亦是為何筆者經常強調理財規劃的「全面性」，多從不同角度分析和思考，做好幾手準備和部署。

英國首相夫人　慳千萬英鎊稅

如果一直有留意英國新聞，2022年最令人深刻的英國新聞莫過於「任期最短的首相」。2022年，英國經歷了一場政壇風波，最終由現任首相辛偉誠（Rishi Sunak）「擔正」，不單是他本人備受關注，他的太太同樣是媒體的焦點。

英國首相辛偉誠的妻子阿克沙塔（Akshata Murthy）身家豐厚，父親是印度最大上市軟件出口商Infosys董事長默西（Narayana Murthy），身家達35億英鎊（約351億港元），位列印度富豪榜第6位。阿克沙塔亦是一名時裝企業家，擁有自家品牌，其資產更勝英女王。

重點來了，阿克沙塔過去一直以英國非居籍的身份申請使用「匯款制」，將境外的入息保留於英國境外的地方，沒有匯入英國，使她省了不少稅！阿克沙塔被媒體發現多年來善用稅務規則，從而省下的稅款以千萬英鎊計。既然首相夫人也是節稅高手，一眾有意移民的香港朋友更加要了解一下她使用的「匯款制」。

甚麼是「匯款制」?

成為了英國稅務居民後,即使沒有將海外的收入滙入英國,也依然有「報稅」和「繳稅」的責任。在英國稅例中,「居籍」(Domicile)和「居民」(Resident)是兩種完全不同的概念。當中,「居籍」的身份對海外個人所得稅和資產增值稅,甚至是遺產稅,都有非常重大的影響。英國稅務居民需就收入來源(包括全球收入及資產增值)繳納英國稅項,然而,針對並非以英國作為定居地(Non-Domicile)的個人,可以申請一個名為「滙款制」(Remittance Basis)的報稅方式,只要其海外收入和資產收益沒有滙入英國,就有機會不用就這些收入繳稅。

阿克沙塔因為本身是印度人,過去一直選擇使用匯款制,故將入息保留在印度而沒有匯入英國,這就是她的稅務應對方式。簡言之,就是不要將英國以外的收入及資產增值匯入英國。不過,今生都不將財富匯入英國,可能嗎?這筆「遙遠」的財富仍然有意義嗎?以下的模擬個案或可以提供另類的思路。

模擬個案 ——
利用匯款制　交稅不如交家用

陳先生和陳太太移民英國,「四大長老」則留港養老。陳氏夫婦在香港有一個收租物業,買入價是600萬港元。假設他們在成為了英國的稅務居民後才沽出物業,而賣出時的價格是900萬,300萬的資產增值便可能需要繳納近84萬的稅款。

陳先生和陳太太當然可以乖乖繳稅,令賣樓得益幾乎「七折落袋」;另一個選擇是在沽出物業的年度申請使用匯款制,不要將沽出物業所賺的300萬匯入英國,便不用繳納英國的資產增值稅了。

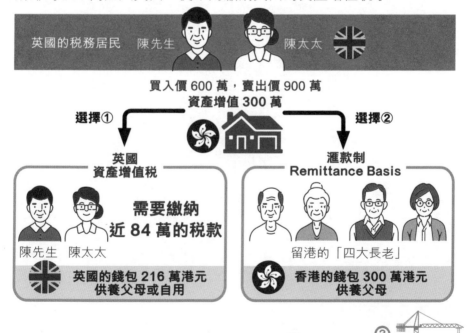

英國的稅務居民　陳先生　陳太太

買入價600萬,賣出價900萬
資產增值300萬

選擇①

選擇②

英國
資產增值稅

陳先生　陳太太

需要繳納
近84萬的稅款

英國的錢包216萬港元
供養父母或自用

滙款制
Remittance Basis

留港的「四大長老」

香港的錢包300萬港元
供養父母

不過，匯款制的缺點是相關的資產增值未來亦不能匯入英國，否則會被追回之前未繳交的稅項，換言之有點「得物無所用」的感覺。實情非也！上述例子中陳先生和陳太太如選擇使用匯款制，大可以將賣樓的收益留給「四大長老」在港退休之用，來一招「香港錢，香港用」。供養父母要錢，從「香港的錢包」或是「英國的錢包」給錢都是一樣；但用「香港的錢包」，好處是節省了一大筆的稅款，又滿足了供養父母的需求，雙贏！

不過，移民事關重大，「計劃趕不上變化」的情況又豈止移民後才決定沽樓？接下來的章節會繼續針對各種常見情況作出分析，從多元化的理財思路著手，幫大家解決疑難雜症。

遺產處理法寶：
按揭、壽險、遺囑

上一章節提到移民後決定落地生根，引伸需要賣樓時的「資產增值稅危機」，而本章節將集中討論另一個難題，就是遺產稅；其實和之前的資產增值稅一樣，但只要以家庭為單位考慮規劃，並結合理財工具，仍然有處理的辦法。

繼續以英國為例，落地生根意味將成為英國居籍，理論上港樓都「走唔甩」（參看第二章的圖表2.10），將跌入英國的遺產稅稅網，如何將其影響減至最低？

策略① 善用負債 降低資產淨值

通俗一點來說，遺產稅是根據離世者的「資產淨值」而徵收的稅款，假設資產的市值是1,000萬港元，但原來離世者另有負債500萬，其資產淨值便是500萬，遺產稅的應稅總值減少了一半，衍生的遺產稅也自然相應降低。所以，長期「有債在身」是減少遺產稅的潛在辦法之一。

不過，所謂「你有張良計，我有過牆梯」，外地稅局豈會如此笨？各地稅局也有一些相應的反避稅政策作應對，特別是針對家庭成員之間的借貸，例如一個年事已高的母親向她的親人借錢，這種操作就很有可能惹起懷疑了。不過，守法合規且真有其事的債務相信便沒有問題，例如將港樓申請按揭或安老按揭來支持退休生活。

策略② 善用人壽保險 發揮槓桿效果

英國的遺產稅是40％，為方便解釋及計算，讓我們先忽略免稅額。假設你擁有1,000萬元並希望傳給後人，你有兩個選擇：

圖表3.1 傳承遺產的選擇

選擇 **1**	甚麼規劃都不做，離世後，後人只能繼承 600 萬元的遺產。
選擇 **2**	做一個規劃方案，離世時財富增值至 2,000 萬元，扣除遺產稅後，後人可繼承 1,200 萬元。

一般來說，人壽保險可以做到**選擇 2**的效果，可於受保人離世時提供一筆理賠，而且帶有「槓桿效果」，既可以倍大財富，又可以為後人送上現金支付遺產稅。

但如果不想做按揭，又不想買保險，還有沒有辦法可以減輕遺產稅的負擔呢？以下是一個模擬個案供參考：

模擬案例 —— 一份遺囑　慳兩種稅

2022年，陳先生手持一個香港物業，市值600萬港元，及後他移民英國，打算日後回流，但移民後決定落地生根，長住至終老。假設20年後（2042年），該物業已升值至港幣1,400萬，這絕對是一筆成功的投資，不過陳先生卻在煩惱如何將物業傳承給他的兒子。

陳先生撰寫遺囑，將香港物業留給太太，由於夫妻二人之間接收另一半的遺產是不用繳納遺產稅的，所以太太不需就該市值1,400萬的物業繳納一分錢的遺產稅。同時，遺產繼承還具備一個「隱藏功能」，就是「重設底價」。

假設陳先生於生前將物業轉名給兒子，物業「底價」是600萬，涉及800萬的資產增值，所以需要繳納224萬的資產增值稅。另一邊廂，陳太太是接收遺產後才沽出物業，一般來說，物業底價變成繼承資產時的市價，即是1,400萬，故資產增值稅等於0，只要她及後將這一筆資金適時贈與給兒子即可，遺產稅也有機會是0！

圖表 3.2　陳先生傳承遺產的選擇

陳先生的選擇	涉及稅項（港元）	兒子到手金額
生前將物業轉名給兒子	資產增值稅 （1,400 萬 － 600 萬）x 28% = 224 萬	1,176 萬
死後由兒子繼承物業	遺產稅 1,400 萬 x 40% = 560 萬	840 萬
寫遺囑將物業留給太太，太太賣樓後將收益贈予兒子	資產增值稅 (1,400 萬 － 1,400 萬) x 28% = 0	1,400 萬

以上只是簡化例子，沒有考慮免稅額等其他因素，實際上陳太太將賣樓收益贈予兒子的時機相當重要，否則有機會被追討遺產稅！有關生前贈予資產的詳細稅務考慮與部署，可參看**《移英財稅七步走（增強版）》**第二章。

當然，這當中又涉及誰比較長命的問題，始終有不確定性，但可見小小的一份遺囑都隱藏著稅務策劃功能，大家實在沒有藉口再拖延，應該現在開始做好規劃！

3.3

物業減磅　先「擇舊而沽」

上一章節提到百年歸老後，將物業傳承給子女的安排，其實除了稅務問題以外，傳承的物業質素也是核心考慮之一。你可有考慮過幾十年之後，物業會變得老舊，子女收到物業同時收到一堆行政及麻煩問題，兼且要花一大筆錢保養？

本章節將和大家探討物業管理的規劃。移民人士決定保留港樓為自己「留一手」，需預先考慮日後的租務、維修或政府法令等雜務事宜。移民後長期身處外地，將港樓委託給身在香港的人士管理自然更快捷。想授權某人代為處理物業租務、維修、處理政府文件等工作，你需要先簽署授權書，以下是一些重要的授權書知識：

設立授權書　三大重點要清晰

第一是授權書的有效性，如在香港設立授權書，在律師見證下便可完成；但如果在香港以外簽立，一般需要在當地公證人見證下簽

署；而在中國境內簽署的話，更要在公證後交由中國外交部確認。

第二是被授權人的身份及被授予的權限是否清晰，權限可以在授權書中自由制定，由十分寬鬆到每個細節都詳細列明均可，但必需清晰。

第三是授權書的有效期，一般有效期為十二個月，對方亦有權要求提供額外資料，證明該授權仍然有效。

雖然驟眼看來，簽好授權書好像一了百了，因為凡事都有人代勞處理，但這想法是錯的！授權書充其量只是一個「治標」的方法，大家想像一下，如果你的物業狀態很差，長期需要維修，甚至經常涉及法律訴訟，即使在香港有授權人代你處理，但這些物業長遠而言也會為你帶來不少煩惱。

治標更要治本　港樓「擇舊而沽」

移民前準備好授權書當然是物業管理規劃的第一步，不過治標之餘更要治本，即是從物業質素著手：**將手上質素較高的物業保留，因其可吸引的租客質素相對更高、維修問題亦會較少；手上質素較低的物業則可考慮沽出，以免隨著物業老化，令維修及保養成本進一步倍升。**

如何判斷哪些物業的「質素較高」可以很主觀，而物業的樓齡便是一個相對客觀的標準。事實上，樓齡與維修及政府法令息息相關：

圖表 3.3　有關樓宇檢驗的常見條例

強制驗樓計劃	• 樓齡達 30 年或以上的私人樓宇的業主，需委任一名註冊檢驗人員為樓宇的公用部分、外牆及伸出物或招牌進行檢查及維修。其後每 10 年一次。 • 業主或法團若不遵從強制驗樓的法定通知，最高可被罰款港幣 $50,000 及監禁 1 年。
強制驗窗計劃	• 樓齡達 10 年或以上的私人樓宇的業主，需委任一名合資格人士就樓宇的所有窗戶進行訂明檢驗及維修。其後每 5 年一次。 • 業主或法團若不遵從強制驗窗的法定通知，可被定額罰款港幣 $1,500 元；屢犯者可被檢控，最高可被罰款港幣 $25,000 元及監禁 3 個月。

圖表3.4　物業樓齡與維修週期

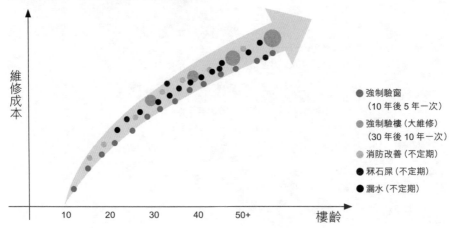

一般來說，當樓齡越來越大，樓宇狀態便會越來越差，維修和保養的成本隨時間急升，而且每 10 年便要進行強制驗樓、大維修，每 5 年亦要強制驗窗，還有大大小小的問題需處理，如漏水、混凝土剝落等等。以上各種維修保養的相關費用，每年大約數萬元，而且容易牽涉法律責任，處理不善更會被罰款和要受刑責。可見，樓齡與管理工作量絕對成正比，而遙距管理更將難度進一步提高。

所以，如果你持有一個以上的物業，既打算保留港樓準備他日回流，又有空間想減磅的話，筆者建議可以優先從樓齡入手，「擇舊而沽」，篩選掉一些質素較低的物業。但若然你手上的全部不是舊樓而又想減磅，該如何是好？

那就需要從整個家庭「一家三代」的角度去思考，考慮一下每位家庭成員的需要，再去部署該保留或者沽出哪些物業。稍後在章節 3.6 亦會提供一些相關例子來啟發大家思考，現在讓我們先繼續討論「舊樓」。

留舊樓博收購 須有心力與財力

雖說物業樓齡愈大，管理難度愈高，不過舊樓有時又暗藏寶藏，特別是接近50年或已經50年樓齡以上的舊樓，因為隨時有被收購而價格「翻兩翻」的可能！如何分辨自己手上的舊樓是否寶藏，將會在第六章詳盡分析，現在先來探討如何替手上的舊樓做好規劃。

前文已提過「擇舊而沽」的部署，但事實上不少有意移民的家庭會反其道而行，考慮保留一層舊樓作為「期權」，認為博中收購便大賺，否則他日回流亦有個住處，雖然居住環境比不上新樓，但勝在成本較便宜。而事實上，現時樓齡50年或以上的港樓約佔四分一，到

2046年舊樓更會佔全港的一半，當中更有不少屬於「長期欠缺維修及保養」。

另一方面，正如本書的主張，完整的理財應該從一家三代人的角度規劃資產，可能你並未手持舊樓，亦不打算在舊樓堆中尋寶，但現今「四大長老」

持有舊樓的比例相當高；你現在不理，未來由你繼承舊樓的話，同樣需要理。與其未來煩惱，不如未雨綢繆，讓我們先從裝備相關知識開始，做好港樓規劃。

強制拍賣條例（強拍）

1999年香港立法會通過一項公共政策，名為《土地（為重新發展而強制售賣）條例》（香港法例第545章）又稱「強制拍賣」或者「強拍」。經過兩次修訂後，任何人以「合理步驟」集齊同一地段 80% 或以上業權，並能證明該地段理應重新發展，便可向土地審裁處申請強制拍賣令。

該地段需符合以下條件：

1. 50 年或以上樓齡的樓宇或；
2. 每戶佔業權 10% 以上的樓宇或；
3. 位於非工業地帶的 30 年樓齡或以上的工廈。

現時市建局和私人發展商最常進行的收購對象是50年以上的舊樓，當集齊80% 業權，他們便會向土地審裁處提交強拍申請。

強拍和市區重建最新的發展

強拍條例至今已經推出25年，2022年的施政報告建議放寬申請強拍門檻，包括：

1. 樓齡達50年或以上但少於70年的私人樓宇，門檻由80%業權降至70%；
2. 樓齡達70年或以上，門檻則降至60%；
3. 位於非工業地帶的工廈，如樓齡達30年或以上，門檻降至70%業權。

現時最大規模的市區更新研究項目分別是「油旺地區規劃研究」和「深水埗地區規劃研究」，政府希望透過重建釋放地區未發展的潛力，而小業主願意賣出舊樓的誘因是收購價格一般較市場成交價高，近年發展商的收購價格普遍比市價高出兩成或以上。

理財規劃不是望天打卦，既然想博收購，就要先做好相應的準備，否則他日所持的舊樓真的「雀屏中選」遇上收購，自己卻沒有心力與財力應付，不但賺不到錢，蝕本且浪費了等待的機會成本！

規劃重點①
強拍需時三年　預留180萬可用資金

舊樓收購，發展商一般都是採取「逐個單位擊破」的策略，故此同一座物業、同樣大小的單位，收購價可以差天共地。不過業主們當然希望收購價愈高愈好；至於如何可以提高叫價，關鍵在於你的議價的能力，包括你是否有足夠的預算在時間及財力上。

強拍過程之中，包括聆訊、調解、審訊等繁複流程，根據筆者經驗，大約需時一年至三年不等。強拍過程中，申請人和小業主雙方都可以聘用不同的專業人士，向法庭提交證據，支持自己的論點，例如小業主認為發展商的收購價過低，可以提交專業報告證明自己的物業價值。如果小業主一方需要完成整個強拍流程，粗略估計需要100至200萬港元，當然，實際的費用及時間，視乎強拍申請的複雜性。

圖表3.5 強拍流程一覽

正式審訊前，發展商需與業主進行至少一次調解。

發展商向土地審裁處呈交申請

指示聆訊（Call Over Hearing）

呈交專業報告及證人供詞（Witness Statements）

發展商向小業主發出收購價單

發展商　專業調解　業主

初步聆訊（Pre-Trial Hearing）

進行拍賣（如獲頒發「售賣令」）

正式聆訊（Trial Hearing）

圖表 3.6　業主聘請專業人士作強拍調解的費用估算

專業人士	職能	費用參考
律師	提供法律意見及進行聆訊	40 萬
大律師	進行審訊	40 萬
測量師	提供估值報告	20 萬
測量師	提供物業現狀報告	40 萬
結構工程師	提供結構安全報告	40 萬
合計高達：		**180 萬**

註：謹供參考，視乎強拍複雜性，所需金額會有所不同。

發展商在收購策略上大都希望速戰速決。因為投資地產項目一般都會向銀行申請項目貸款，即使是一個單幢樓項目，發展商也至少要每年支付幾百萬利息。其次，發展商聘請的專業人士收費一般比小業主更高，只計法律費用已過百萬，所以在強拍過程的不同階段，發展商不時會調整收購價格，希望能盡快結束強拍流程，以減低成本。

如果在強拍的過程中，你能展現出你有相關的專業知識，同時心裡有底，知道自己至少可以付出幾年時間和近200萬的流動資金去周旋，你就有底氣去談判，大可以借勢及早爭取更有利的收購價離場。

所以，如果有意在移民前保留舊樓這個「期權」，財務安排上記得預留更多的流動資金，當收購發生時有180萬以上可用資金更佳。

規劃重點②
移民後人在外地　隨時要抽身談判

如果親戚結婚擺酒而你身處香港，你多數會出席道賀，因為頂多是一至兩小時的車程，大家開心見面「飲番杯」又何妨。不過，如果你身處海外，你便會先衡量和這個親戚有幾熟絡，再計算一下回來香港「飲」所需要的時間和成本，至於未來對方是否生仔擺滿月酒和百日宴則更加是後話。舊樓收購和上述擺酒有一點點相似的地方，雖然是喜事，但自己身在香港與否卻大不同。舊樓遇上收購而人不在香港，最終結果不如理想的情況並不罕見，連大明星也曾經遇上。

「影帝」案例 ——
錯失談判良機　終蝕讓離場

某「影帝」（以下案例的資料來源皆為公開的報章新聞，有興趣的讀者請自行查找資料）於 2013 年，買入位於土瓜灣的一個轉角舖位，該唐樓的樓齡已經有 60 年以上，買入價約 1,500 萬港元，舖位面積約 380 呎。某發展商於 2020 年集齊了該地段的八成業權，於是展開強拍申請，據報當時發展商曾向影帝建議以約 1,000 萬收購該舖位，由於低於買入價，影帝拒絕了發展商，強拍繼而進入法律程序。影帝接受訪問時表示，強拍發生時他正身處外地拍攝電影，當時拍攝時間長，沒有休息時間，甚至連食飯時間亦沒有。

由於影帝人在外地且非常忙碌，相信他只能指示代表跟進整個強拍流程，即使發展商期間嘗試聯絡他商討收購條款，他都未必能直接對話。如果按照發展商的思路，其實有機會在強拍早期主動提高收購價，令影帝可以平手離場，加快結束流程。

不過，影帝顯然未能在早期與發展商達成共識。根據案件的判決書指出，他從一開始聘請了律師，及在一年後提交一份估價報告，歷時一年多才與發展商達成協議，以1,350萬賣出單位。以買入價1,500萬計算，帳面仍蝕讓150萬！為何會擾攘了一年多，最後才突然蝕讓離場？打強拍官司要錢，但影帝缺錢嗎？肯定不缺，估計最大的原因是怕麻煩，留在外地專心拍戲「搵真銀」更實際。

「擇舊而沽」VS「舊樓當期權」

從以上例子可見，舊樓遇上強拍，對大多數人來說是好事，不過若然自己長期身處外地，錯失了早段的談判良機，之後進入漫長的法律程序，既要用錢又花時間，好事就會變成壞事。正如上述的影帝案例，不但蝕了150萬港元，還花費了聘請律師的費用，雖然該金額對影帝來說當然是小數目，但若發生在小業主身上，便真的要慨嘆倒霉了！假若是一些拿舊樓當「期權」的移民家庭，打著「押不中收購也至少回流時有樓住」的如意算盤，結果「期權」突然被「強制平倉」，成本價都取不回，連樓也沒有了。

所以，大家檢視手上的物業組合時，記得要有前瞻性，尤其是組合當中包含舊樓，便要提前預想可能會發生的情況並有所準備。結合本章節與上一章節，大家應該可以更全面地思考到底「擇舊而沽」還是「舊樓期權」的部署較適合自己；如選擇保留「舊樓期權」，記得預留180萬可用資金，及遇上收購時盡早與發展商談判以爭取有利條件。

3.5

遙距管理物業
減低風險有法

如第二章所提及，筆者建議有意移民而未知會否回流的家庭，可以考慮至少保留一層物業，並且可以將港樓「薪火相傳」下去。而之前的章節已提醒大家在出發前簽訂授權書的要點，現在再跟大家從另一角度探討遙距管理物業，就是從「減低風險」的角度著手。

聽到「遙距管理」，大家可能首先想到的都是如何避免麻煩，簡化一些實務上的操作，例如當港樓被投訴冷氣機滴水，如何遙距找人上門維修。但其實人在外地，港樓可能遇上遠比冷氣機滴水嚴重的「重大風險」！本章節將囊括一些大家意想不到的風險，並提供應對方法與實用工具，務求即使發生極端情況，大家也能及早發現和處理。

人在外地難管理　物業隨時被「釘契」

2021年，警方揭發了多宗物業騙案，有詐騙集團針對原業主已離世或移民的空置單位，以假身份證宣假誓補領樓契後，透過抵押申請貸款或出售，從中騙取金錢。當然，以上是較為罕見的情況，不過如你長期居於香港境外，物業已經不是由你所佔用，甚至已委託他人協助管理，容易被人有機可乘，甚麼奇怪事情也有可能發生。

遇上騙案固然不幸，但即使未遇上騙案，如因業主在外地而管理物業不善，還有機會導致另一種嚴重的情況，就是物業被「釘契」。「釘契」泛指物業或業主本身涉及未處理好的法律訴訟而構成產權負擔，令相關註冊文件被登記到土地註冊處。被「釘契」除了有機會令港樓的價值受影響，亦代表物業背後存有一些潛在的爭議，以下是「釘契」的常見原因：

圖表3.7　物業被「釘契」的常見原因

業主欠債	如業主因欠債被入稟追討，法庭會先把物業充公，而該法庭命令會登記到樓契上，防止業主出售或轉讓物業。
欠管理費	如業主拖欠管理費，不論欠款額多寡，只要業主立案法團或管理公司有理由相信業主沒有清繳款項的打算，便可透過法律訴訟，申請拍賣單位以追收欠款，物業會被「釘契」。
拖欠政府費用	如業主欠繳差餉、地租等政府費用，政府有權將警告信登記在土地註冊處，甚至收回有關物業。一般來說，業主一旦放售物業，所得之金額會先償還政府費用。
違反建築物條例	當屋宇署發現物業違反《建築物條例》，如有僭建、危險建築物、未入則的結構性改動等等，屋宇署會發出改建令、清拆令或封閉令。這類檢控會被註冊於樓契，直至業主按時解決問題（如清拆僭建物），而僭建亦是最常見的釘契原因。
違反大廈公契	如業主經常或長期違反大廈公契，例如偷偷飼養動物、將住宅物業當作商業用途、擅自分租等，業主立案法團有權提出法律訴訟，一日未經裁定，都會於查冊上顯示。
業權糾紛	遺產及婚姻等問題容易引起業權訴訟，連累物業被釘契，這種官司未必能短時間內得以解決，令新買家難以決定何時簽約，完成買賣交易。

正常情況之下，當然沒有業主會平白讓自己的物業被釘契；但如果業主長期不在香港，將物業出租予他人或給親戚居住，便有機會一時大意而惹上這種極端的麻煩了。以下是一些稀奇古怪但又有可能發生的例子：

模擬案例① ——
租客一走了之　糊裡糊塗被「釘契」

陳先生將香港的物業出租，以租金支持在海外的退休生活。他的租客A君破壞了屋苑的公共設施，管理公司發現並向涉事單位發信。A君沒有主動通知陳先生，並將所有信件銷毀，意圖隱瞞事件，認為只要拖延至租約完結，自己便可以一走了之。對A君而言，只要租約結束便可以「拍拍屁股走人」；但作為業主，「被管理公司投訴而不知情」的陳先生就沒有這麼幸運了，事件的後續有兩種可能性：

圖表3.8　陳先生物業的後續發展可能性

	發展	結果
可能性①	租客A君良心發現，在租約結束前主動善後，自行向管理公司交代及繳交欠款。	陳先生從頭到尾都不知就裏，事件自動圓滿解決。
可能性②	管理公司投訴或追討不果，決定入稟小額錢債審裁處。	由於陳先生長年居於海外，造成信息滯後，直到A君租約結束，新租客出現時，陳先生才驚覺物業因小額錢債審裁處發信給土地註冊處而被釘契。

可能性①當然理想，但很可惜A君是不良租客，到可能性②發生後，A君已經搬走，陳先生亦難以追討損失了。

模擬案例② ——
法令當「垃圾」 隨時惹上官非

黃太太移民到外地退休，她將香港物業出租給一位老朋友B。B是會準時交租的好租客，但他亦年事已高，精力不足以處理生活以外的雜務。面對單位的一些管理事務，小如強制驗窗，大如潛建爭議及維修命令等等，B均不知道其嚴重性，甚至粗心地將相關的信件視為「垃圾信件」扔掉。

當屋宇署正式頒發相關法令後，便會把文件註入「田土廳」。把法令當作「垃圾信件」扔掉的結果，不只是令物業被釘契，更壞的情況是因為長期拖延法令而惹上官非。畢竟，根據香港的法例要求，作為業主有不少義務及責任，最常見的就是保持物業的狀況及定期維修，以僭建的清拆令為例，無視法令後果可大可小：

圖表3.9　違反僭建清拆令的刑罰

行為	刑罰
不遵從法定命令	• 刑事罪行； • 最高刑罰為監禁一年；以及 • 罰款港幣 $200,000； • 屋宇署或會指示政府承建商代為清拆。 • 屋宇署會向業主悉數追討工程費連監督費及附加費。
違法情況持續	• 加判每日罰款港幣 $20,000

與例子①不同，A君是不良租客而將管理公司的信件故意銷毀；B是好租客，只是不小心將重要信件當垃圾而已。但就業主的角度而言，陳先生和黃太太都可能因此而令物業被釘契，甚至惹上官非。

模擬案例③ ——
墮投資騙案　物業被接管

李先生今年50歲，已經儲有足夠的資產，決定到外地享受退休生活。他在香港擁有多個物業，其中一個物業與李爸爸（75歲）聯名持有，李先生決定將這個物業留給爸爸養老之用。

李爸爸喜歡投資，但投資水平一般，最近更加墮入疑似投資騙案，被哄以槓桿形式參與倫敦金交易，甚至進一步涉及個人借貸還不自知，最終因其欠債被入稟追討，物業亦因此被釘契！李先生一直在外國安享退休生活，以為爸爸及物業在香港亦安然無恙，但其實爸爸的欠債及損失隨時間而愈滾愈大，亦愈來愈難追討，到李先生赫然發現物業已被接管，繼而發現爸爸的欠款單時，已經無時已晚，難以作出補救。

綜合以上三個例子，可以發現釀成慘劇的一大原因是人在外地引致的信息滯後問題。如果你有辦法時刻就物業情況保持警覺，自然可以減少相關的損失。委託相熟朋友或地產經紀幫眼留意物業狀況是方法之一，但也有可能所托非人，又或者出現例子②的情況，找到

朋友每星期幫自己查看物業信箱，可是朋友把重要信件當垃圾扔掉！

如何減低這些人為失誤的風險，多做一重保險呢？

善用「物業把關易」重要信件即時收

只要成為「物業把關易」的用戶，你就可以時刻留意所申請的物業狀況。即使身處海外，每當有涉及相關物業的文書交付土地註冊處，土地註冊處就會於第二天以電郵提示業主有關資料，業主便可以及早發現可疑文書而迅速採取相應行動，將蒙受重大損失的風險大大降低。

在個案①的例子中，如業主陳先生可以及時得知物業情況，便能盡快向租客追討，租客較難逃之夭夭；即使出現較壞情況，陳先生沒法追回賠償金，至少可以盡早拔釘，避免招租時被新租客借故壓低租金。

在個案②中，如果物業因不遵從法定命令而被釘契，物業把關易便大派用場了，因為如黃太太遲遲不處理法定命令，不但會被判每天

附加罰款，如繼續拖延更有風險會被判監禁！

在個案③中，若有人意圖為物業進行按揭和查冊，業主李先生會於第二天馬上收到電郵通知，如果涉及騙案或者非法借貸行為，李先生也能盡早察覺及有足夠時間通知銀行叫停，防止李爸爸墮入騙案且愈陷愈深。

只需數百元　替物業「買保險」

每個被選定使用「物業把關易」的訂購費用如下（以港幣計）：

圖表3.10　物業把關易的訂購期及費用

訂購期	一次過訂購 *	24 個月
	（按每個土地登記冊計算）	
新申請	$580	$250
服務續期（只供現有用戶）	不適用	$160

* 服務有效期至物業轉手為止，無需續期，輕鬆簡便。

只需要百多元的費用，便能為自己的物業買一個保險，避免遇上極端情況而遭釘契，可謂相當值得。有意申請的業主，請到物業把關易網站獲取更多的資訊：

「物業把關易」官網

https://www.landreg.gov.hk/tc/services/services_e.htm

3.6

做好港樓規劃 一家三代有「獎賞」

閱讀至此，細心的讀者可能會發現，本書出現的模擬例子常常都會涉及「幾代人」，因為這樣才貼近現實，移民本來就應該以「一家三代」的角度去規劃和部署，才不會出現「移民遺老」的情況，而是通過規劃達致一家三代都能得益的最好結果。雖然「孝順」是理所當然的事，但其實以一個家庭三代人的角度去規劃港樓，還會帶來更多潛在好處！

模擬案例① ——
「Down Sizing」與重置底價

王先生計劃於未來幾年移民英國，原因是為了兩名兒子（分別為10歲和8歲）的教育。王先生現時手持一個三房港樓單位，他考慮到兩名兒子預期不會回港發展，相反自己則可能有需要回港照顧「四大長老」，既然保留港樓只為留一手，不如「大屋換細屋」，於移民前將三房單位換成兩房單位。

王先生十分孝順，計劃自己日後回港照顧父母，而這份孝心還帶來了意想不到的「獎賞」！

獎賞① 增加流動資金

「大屋換細屋」除了可以套現部分現金外，更可以借機承造更高成數的按揭，手上的流動資金將有所增加，移民早段「有錢傍身」自然更加安心。

獎賞② 重置底價

「大屋換細屋」即是重新配置了資產，新的物業將有新的成本價，即使未來移民英國後改變主意，決定不再回流，屆時再沽出港樓，其資產增值必定少於多年前購入的舊居，變相減輕潛在的資產增值稅負擔。

模擬案例② ——
做個「孝順仔」兼增加財富傳承效益

陳先生一家為典型的香港中產家庭，他準備和太太攜同兒子移民英國。陳先生從事 IT 工作，移民後可繼續為現時的僱主遙距工作，薪水足夠支付租金及一家人的日常生活費有餘。他不愁新生活，惟關心留港父母的養老及照料問題。陳先生決定沽出他在香港的物業，套現了 500 萬，並以父母的名義購置了新的物業。該物業鄰近地鐵站，週邊的社區資源充足，距離公立醫院亦近，他希望送給父母一個新居所，讓他們有更好的居住環境養老。

陳先生換樓送父母的舉動不單止盡了孝心，在財務上也發揮了以下三個潛在的「獎賞」：

獎賞①　安心於英國定居　皆大歡喜

陳先生準備的新居十分合父母心意，其週邊配套亦令父母的生活更為方便，更加容易自理。加上新屋質素較佳，不像舊樓般經常出現「天花板漏水」等奇難雜症，父母不用經常碰上生活或物業問題而向陳先生求救。父母有更好的環境養老，陳先生在外地展開新生活的擔憂自然減少，雙贏！至於如何選擇適合養老的單位難，第四章會詳細分析。

獎賞②　財富傳承更具效益

假設20年後，陳老父母相繼離開，遺囑中指明由孫仔（即陳先生的兒子）繼承香港的物業，屆時該香港物業已升值到1,300萬，但由於陳老父母是香港人，孫仔繼承該物業時不用繳納任何稅項，實現了一個重大資產的隔代傳承！如果陳先生沒有沽出物業去買樓孝敬父母，當他決定在英國落地生根並成為英國居籍，他日將手上的港樓傳給兒子，遺產稅將以數百萬港元計算。

獎賞③　維持物業質素

套現舊有物業後再購入樓齡較新的單位，來一個「套舊換新」，從根本上減輕了遙距管理的諸多問題，畢竟物業樓齡愈大，物業出現問題的機會愈多，需要強制進行的定期檢查與維修亦會更頻密。未來當「孫仔」繼承「爺爺」的遺產時，物業仍然不至於太老舊，投資價值比較可觀。

看過以上案例，相信大家也會更有動力去「孝順」父母，將父母包括在移民或理財規劃當中。但當然，完善的規劃自然不是「買層樓給父母養老」便完事，還要考慮買甚麼樓？甚麼物業才適合養老？有沒有辦法幫助父母創造退休後的收入？其實以上問題，除了替父母打算外，也適用於自己身上！畢竟自己也會老，也需要考慮退休的部署。

下一章讓我們一起來探討如何替留港的父母，甚至為自己做好退休規劃，繼而進一步用盡港樓退休。

第四章
香港退休新常態

4.1

養兒防老不再 完善策劃退休

之前的數個章節一直和大家談移民潮，現在開始則和大家探討更「長遠」的部份，就是退休。無論你是計劃直接移民外國終老，抑或他日回流香港生活，退休都是你整個理財規劃的一個重要部份。

無論你是以下哪一類人士：

- 子女已移民，而自己留港退休；

- 親手送了子女去外國生活，不預期他們回港，但自己又可能回流；

- 自己移民但有「四大長老」留港退休；

相信你已明白，要更周全及更獨立自主地部署退休生活，反正養兒防老肯定不再，不只是子女給家用與否的問題，甚至子女已經遠在他國，難以經常照顧自己。

如何為自己乃至父母親安排更好的退休策劃，我們從梳理現狀開始，以下是比較重要的考慮：

圖表4.1　計劃自己或父母退休的考慮事項

	思考問題	延伸考慮
子孫移居海外而自己留在計劃留港退休人	子女有定期給家用嗎？（金錢支援）	如果子女不再提供家用，自己是否有足夠的現金流支持退休生活？
	子女有否定期在生活上支援自己？（生活支援）	如果子女不再定期探望自己，是否有家中事務會受影響？比如是否由子女協助收租、協助處理銀行事宜、陪伴自己覆診等等。如果子女不在身邊，有甚麼親友值得信賴，可協助以上的事務呢？
自己移居海外而父母留港退休	自己會繼續供養父母嗎？（金錢支援）	是否可以協助父母創造被動收入？如定期匯款回香港，要兼顧匯率的問題。
	自己回港的頻密程度？（生活支援）	如果不能經常回港，如何有效委託他人協助照顧父母？

下一步當然是識別問題，雖然老套，但如俗語所説「錢可以解決到的問題都不是問題」，只要財務狀況健康，生活問題亦連帶比較容易解決，所以下一步先替大家裝備更多的退休理財知識。

「理財計算機」 算不清的理財

坊間缺乏退休理財的資訊嗎？不缺，缺的是適合你的資訊。你可能也試過為自己的退休生活「算賬」，但當你利用網上的「理財計算機」，竟然發現自己希望在65歲退休，原來需要2,000萬！不過這些計算機並沒有仔細考慮你的資產是甚麼。

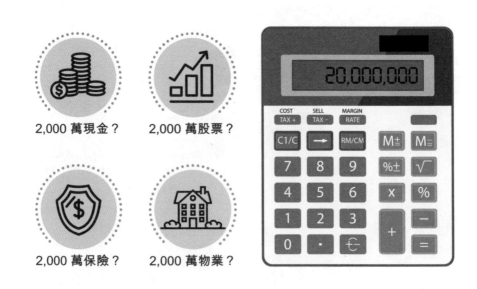

2,000 萬現金？　　2,000 萬股票？

2,000 萬保險？　　2,000 萬物業？

相信沒有人只持有單一資產，但如何配搭得更好，用更少錢發揮更大的效果？而物業更是退休組合中不何或缺的資產，皆因只要規劃得宜，港樓可以兼顧借貸力、現金流和增值等多方面功能，讓我們在接下來的章節逐步拆解！

計算機算不出的
「預期壽命」

多少錢才足夠退休？某調查告訴你800萬港元，某調查告訴你要
1,600萬？你可能也有過這樣的疑惑：「退休真的需要這麼多錢
嗎？」其實，退休可能真的不需要預備這麼多錢，我們不是為了存
款或數字上的資產而活，而是希望有更輕鬆愉快的生活，所以關鍵
在於穩定「收入」。為何過去舊制公務員給人的印象，都是退休後生
活輕鬆寫意？重點是「長俸」，一份永久的「薪金」。

姑勿論「長俸」的實際金額多少，但長俸帶來
的被動收入是穩定的，給人的感覺是可以
「用一世的」，有了長俸便可以無憂無
慮地花錢，更不會因市況的高
低起伏影響退休心情。但偏偏
關於「自製長糧」這個課題，
市場上充斥著不完整資訊，極
易引起大家的誤解。

從「預期壽命」計算「退休儲備」？

我們從相當流行的「退休計劃計算機」說起：

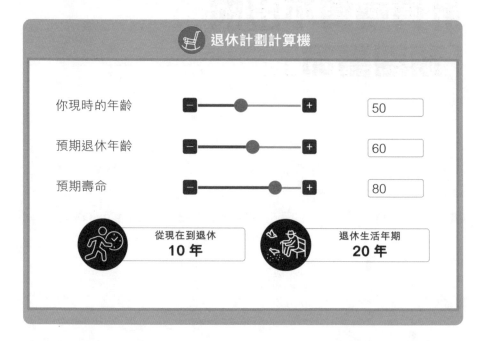

讓我們來按指示輸入資料，假設你今天50歲，希望60歲退休，而「預期壽命」是80歲，年開支港元16萬，考慮到通貨膨脹是年均2.5%，而你又可以做到年均5%的投資回報……好！計算結果是你需要準備約330萬的退休儲備。不過，預期壽命有意義嗎？

翻查數據，1971年的平均男性壽命為67.8歲，女性則為75.3歲。試問一下各位生於1971的讀者朋友，你今天50多歲，如果你是男

性，你會認為自己只活到67.8歲嗎？今時今日，活到90歲亦絕對是平常事，所以在醫療技術愈來愈進步的今天，預期壽命往往只會被低估。但如果你要輸入一個「高估」的數字去計算退休儲備，例如輸入「預期壽命」120歲，從而得出一個數目更龐大的結果，令你退休壓力倍增，離「輕鬆愉快」的生活愈來愈遠，這個計算結果又有甚麼意義？

因此，「預期壽命」只適用於政府制定公共政策，並不適用於個人理財規劃，以下用一個模擬例子來說明。

模擬個案 —— 規劃退休組合的根本謬誤

陳先生和王先生今年同樣60歲，剛剛退休，他們同樣有400萬港元退休金，退休後每年支出是25萬，及後每年按通脹2.5％的幅度調整。陳先生可以獲取每年4％的投資回報，而王先生的投資能力比較高，每年可以獲取7％的投資回報。

圖表4.2　陳先生和王先生的退休資產組合

	陳先生	王先生
退休金（港元）	400 萬	400 萬
預期投資回報（年）	**4%**	**7%**
首年退休開支	25 萬	25 萬
預期通脹（年）	2.5%	2.5%
退休金幾時耗盡？	79 歲	86 歲

如果「命運能選擇」，所有人都會選擇「王先生理財方案」，因為每年回報有7%，肯定比4%吸引，而且退休金足以用到86歲，與現時香港的預期壽命相若……重點來了！如果陳先生和王先生都活到100歲，又如何呢？投資能力較高都一樣面對「無錢使」的困境，同樣是「命長過錢」！今時今日退休，需要的是「終身」現金流，錢要起碼夠用到100歲吧！但如果到100歲仍然「行得走得」，難道到時又要拿出計算機從新計算？

所以請各位不要再用假得不能再假的假設，來為自己策劃退休，除非你有水晶球知道自己幾時離世，否則這種計算機，從第一步已經錯了。這樣策劃想退休「無憂」，難矣！接下來讓我們捨棄計算機，從更實際的角度來規劃退休！

4.3

退休四大開支與資金部署

上一章節提到坊間對於退休策劃的常見謬誤，那到底甚麼是真正適合大眾的退休策劃？簡言之就是「收入替代」，這是一個關於「收入」的策劃。退休對於大部分人來說意味著少了一份穩定的收入，不過既然繼續有日常生活的開支，自然需要新的收入方案代替，才能支付退休開支，並維持與退休前相若的生活水平。但需要為自己準備多少收入才足夠？當然是根據預期的支出去決定。

根據香港財務策劃師學會所做的「真實退休生活開支」調查，2021年退休的每月基本開支平均數為港幣 13,465 元，即是每人每年的支出約16萬港元。那麼準備每月港幣 13,465 元的被動收入就足夠嗎？以下是你需要知道的兩大要點：

• 估計調查中的絕大部分受訪者均有自置的居所，故居住方面的支出或僅限於管理費，至少不用為租金發愁；

- 這個調查以訪談的形式進行，一般來說這種形式僅能訪問到身體健康的人士，因此需要臥病在床的退休人士，相信都被排除於調查對象以外，變相未能正確估算醫療支出。

所以，任何形式的訪問調查都只是參考，更合適的做法是將開支分門別類，再根據自身情況去逐個擊破！

退休的四大開支與資金部署

圖表4.3　退休四大開支一覽

支出	特點	建議資金部署
基本飲食	• 必須項目 • 隨年紀愈大，可能反而有所減少(吃少一點，喝少一點)。	可考慮買年金，基本可以確保終身基本飲食無憂。
住屋開支	• 必須項目 • 租金是通貨膨脹的一部分，大概率按年上升	自置物業，直接對沖租金成本。
醫療開支	• 運氣項目 • 最難預測，可能很健康到老，也可能需要人長期照料。	及早準備醫療及危疾保險，同時可儲蓄供退休後供款之用。
吃喝玩樂	• 可選項目 • 每年去一次旅行或去十次旅行，在乎於自己的選擇。	較進取投資尋求增值，如獲利就多點消費，即使短期失利也不影響基本生活。

不得不提，上述開支當中，住屋開支是最為明確的，因為它是必須項目，支出肯定按年增加，完全沒有運氣成份。畢竟一個人可能一世不住醫院，但不可能不住在家，換言之是不容有失的一個支出項目。

不過，從某個意義上來說，住屋開支是最容易解決的，只要有樓在手就可以了，再配合將於第五章介紹的安老按揭和物業活化知識，就能獲取足夠的現金流，同時解決其他三項支出。本章旨在進一步加強退休策劃的透明度，與其用財務計算機去估算「一大抽」複雜的數字，不如教大家從生活角度出發，逐點擊破更實際！

基本飲食　　住屋開支　　醫療開支　　吃喝玩樂

4.4

如何揀樓退休？

有自住樓的話，自然能解決不少退休的問題，不要以為這是一個「阿媽係女人」的發現，本書希望各位讀者能有更深層次的考慮。本章節會從生活角度出發，與大家更深入探討持有港樓的退休規劃。

「無障礙環境」於近年愈來愈普及，顧名思義，就是要將生活環境中的各種有形障礙移除，使無論長、幼、傷、健人士，每個人都能夠暢通無阻、隨心所欲地去到每一個公共空間，享用各種資源。不過，原來近年「無障礙環境」會在香港大力推行，背後是有原因的，其中一個原因估計就是人口老化。這十年期間，亦曾有立法會議員進行質詢，催促政府落實鼓勵長者積極參與社區生活的政策，而無障礙社區正是政策落實的其中一項條件。既然公共政策都要因應人的「長壽」而改變，那麼個人的退休部署又哪有理由一成不變？從前很多人認為持有任何一個物業都可以「住過世」，但在日益長壽又要預期獨立退休的環境下，「如何揀樓退休」已變成很多準退休人士的必要考量。

退休前換樓 「無障礙環境」方便自理

根據統計資料，現時香港有大約36.5萬名需要長期照顧的長者，他們大多是長期病患者，約佔長者人口中的六成，獨居長者的比例亦愈來愈高。既然退休後有很大機率會患病甚至行動不便，一個合適的居住環境對退休顯得格外重要。正如之前的章節已提過，今時今日「養兒防老」已未必適用，「無障礙環境」反而是必須的。想像一下，如果你居住的大廈大堂，甚至是週遭的環境都滿是樓梯級，而你需要「撐拐杖」甚至坐輪椅，你每天如何回家？

以下是筆者們綜合自身經驗與處理過的案例，所整理出來的揀選退休住所考慮要點：

揀樓退休考慮 —— 大廈外環境

1. 從主要的場所（比如街市、家庭醫生或地鐵站等）回家是否沒有樓梯級？

2. 如果沒有樓梯級，但有斜路的話，該斜路是否適合輪椅出行？一般來說，斜度超過1：10就很難上落，電動輪椅也未必能駛過，需要有他人協助，太斜更會有「翻車」的風險。

Ray 經驗之談：

以筆者居住的屋苑為例，屋苑有穿梭巴到達上環區，是一條循環線，回程時會經區內某個街市。由屋苑步行去街市其實不用8分鐘，屬於「落山」，但如果坐穿梭巴去上環再去街市就需要約20分鐘的時間，不過仍然有不少長者會選擇坐穿梭巴去街市，原因就是屋苑周邊盡是斜路和樓梯。這些真實例子為數不少，只是未退休的人士沒有為意而已！

揀樓退休考慮 —— 大廈內環境

如果室外環境合適，下一步就是檢視大廈內環境：

1. 停車場方面，最理想是有預留特定車位供殘疾人士使用，而泊車位置可通往電梯。

2. 升降機及走廊都不宜過於狹窄，要適合輪椅出入甚至是在有人協助下亦能通過或轉身。

如果大廈外內環境都合適，最後一步就是室內環境，與上述提及的考慮基本相同，以洗手間為例，空間是否足夠？最好即使行動不便

甚或是輪椅也可以使用。當然，為退休進行合適的裝修是大趨勢，2015年理大房協的調查指出，與長者有關的意外五成發生在家中，每年有三分一長者曾跌倒受傷。所以為免發生意外，為保障長者家居安全而進行的裝修工程愈來愈普遍，例如鋪設防滑地磚及扶手，移除浴缸改用企缸等等，但大前題是家居本身的戶型是否適合改裝，否則願意支付裝修費也無補於事，所以揀選居所時必須先考慮清楚。

換樓有著數　支出換來財務好處

如果按以上順序檢視完自己的居所，發現不太合適，你就需要在退休前換樓了。可能有讀者會問，換樓要花一筆錢，豈不是增加了退休的負擔？是的！不過換樓除了確保物業可以助你退休無憂，其實亦暗藏以下的財務好處：

- 退休前是良好的換樓時機，因為仍有收入和較年輕，有資格申請最高成數和最長年期的按揭（如有需要）；

- 有按揭在銀行的另類好處是保障樓契的保管，省錢又省心；

- 可以趁換樓換入樓齡較新的物業，樓齡越新，維修費用一般越少，同時避免持有舊樓的物業管理煩惱；

- 樓齡較新的物業可以免卻申請安老按揭的部分行政煩惱（樓齡超過50年的物業，申請安老按揭或需要驗樓及另外審批）。

補充知識：

如果你已退休，或者退休後才發現有換樓需要，在沒有收入的情況下，仍可申請按揭嗎？

假如你已退休而沒有收入，其實亦可以利用「資產水平」申請按揭，貸款上限是樓價40%。你持有的資產例如現金、股票、基金、有現金價值的保險等等，在銀行角度均視有價值的抵押品，不過不同資產類別會有不同折扣。如經折算後你的資產高於打算購入的物業，銀行便會批出貸款。以500萬港元的物業為例，如你持有500萬以上的現金及股票，銀行按揭應可批出最多200萬元貸款。

所以，有樓在手準備退休也是有規劃的需要，退休前準備充足，退休後自然可以靈活「變薪」！

第五章
港樓「變薪」　退休安心

百萬富翁窮到燶

如果仔細研究有關香港業主的數據，並按收入分佈去劃分，以2019年為例，月入低於4,000港元的收入群當中，自置居所比率竟然高達69％！這數據或者會令不少人感到意外，香港樓價如此貴，理應高收入才可以做業主吧？其實這正正反映了一個現象，就是有很多已退休或半退休人士都是業主，而且部分人退休後的收入水平相當低。

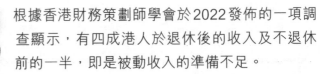

根據香港財務策劃師學會於2022發佈的一項調查顯示，有四成港人於退休後的收入及不退休前的一半，即是被動收入的準備不足。

立法會亦曾有研究指出，在2019年約有112,000位居於自置單位的長者活在貧窮線之下，佔同年居於自置單位年長人士的五分一，而其居所價值的中位數估計為520萬港元。這可能也算是香港獨特的退休現象——「百萬富翁窮到燶」！

圖表5.1　2019 年按住戶每月入息劃分的自置居所比率

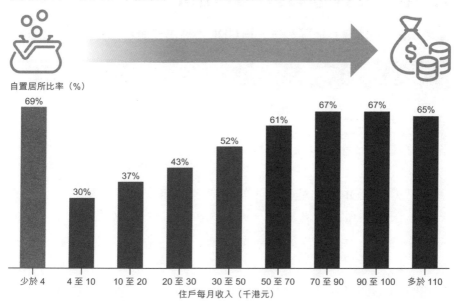

自置居所比率（%）

69%	30%	37%	43%	52%	61%	67%	67%	65%

少於 4　4 至 10　10 至 20　20 至 30　30 至 50　50 至 70　70 至 90　90 至 100　多於 110

住戶每月收入（千港元）

資料來源：立法會秘書處

很多有樓人士原來是「貧窮長者」！在香港退休果真不容易，難怪有金融機構將退休寫成退「憂」。不過，與其「販賣焦慮」，不如建立正向的態度。在香港退休有幾難？這個問題就好比問：「身高1米75是高是矮？」端看你身處亞洲還是歐洲吧。接下來讓我們一起和地球村上的「同班同學」比一比：

比較①：各地GDP大比拼

圖表5.2　各國家/地區突破人均GDP 1萬美元的年份與同期人口比例

	美國	日本	香港	韓國	中國內地
人均GDP 達1萬美元的年份	1978年	1981年	1988年	1994年	2019年
老年人口佔比（%）	11.2%	9.2%	8.2%	5.8%	12.6%

假設以人均GDP達1萬美元作為水平線，用以衡量一個國家或地區的收入水平，讓我們抽取一些大家熟悉的國家或地區來比較，包括美國、日本、香港、韓國和中國內地。毫不意外，美國是最早「富起來」的地方，香港在1988年追上，而中國內地居然在2019年才突破人均GDP1萬美元大關！值得留意的是，當人均GDP達1萬美元時各地的人口結構，從經濟角度看，香港和韓國屬於較年輕便「富起來」的一群，中國內地則「包尾」，屬於比較年紀大才「富起來」。

比較②：各地老年人口佔比大比拼

圖表5.3　各國家／地區老年人口佔比突破12.6%的年份與同期GDP

	美國	日本	香港	韓國	中國內地
老年人口 佔比達12.6%	1990 年	1992 年	2012 年	2015 年	2019 年

| 人均 GDP
（萬） | 2.4 | 3.0 | 3.67 | 2.7 | 1.0 |

註：以上數據中，「老年人」定義為年紀超過65歲。

現在換個角度看，由於老年人口佔比與退休的公共政策和規劃息息相關，讓我們以中國內地的情況作一個橫向的比較。當中國的老年人口佔比達12.6％時，其他國家或地區的收入水平又如何呢？你會發現美國和日本人口最先老化，但同時在90年代之初，兩國的人均GDP水平已達2.4萬美元以上，再經過了多年的通貨膨脹，美國和日本的經濟數據仍優於其他國家，是年輕便富起來的代表；相反，中國內地則是「未富先老」的代表，而我們香港算是班裡中等水平的學生。

憑港樓「變薪」擺脫「假貧窮」

事實上，今天在香港剛退休或準備退休的朋友，都經歷過香港經濟起飛的80年代，當時社會整體工資快速增長，同時資產價格亦升幅驚人。只要有良好的理財紀律及沒有不良嗜好，多數人都應該存下了一筆錢，擁有至少一個物業。立法會提及的「長者貧窮」問題並不是「真貧窮」，而是有部分退休人士沒有用盡他們手上的資產製造現金流，其實，香港不乏將資產轉化成收入的工具，包括大家可能也有聽過的「退休三寶」：

圖表5.4　有助製造現金流的「退休三寶」

「香港年金」計劃	由香港按揭證券公司旗下的香港年金有限公司承保，長者向香港年金有限公司存入一筆過保費後，可即時開始提取年金，直至終老。
「保單逆按」計劃	計劃同樣由香港按證保險有限公司營運，長者可將人壽保險保單作抵押，經香港按證公司向銀行貸款，提取保單逆按貸款，「自製長糧」作為年金退休之用。保單的價值愈高及選擇的年金年期愈短，每月可拿取的金額就愈多。
「安老按揭」計劃	由香港按揭證券有限公司旗下的香港按證保險有限公司營運，又稱「逆按揭」。長者將住宅物業作為抵押品，向貸款機構提取安老按揭貸款。抵押後，長者仍可繼續居住原有物業，並每月拿取收入，直至百年歸老。長者的年齡愈高及選擇的年金年期愈短，每月可拿取的金額就愈多。

備註：詳情請參閱相關官方網站

「退休三寶」中以「安老按揭」最值得深入了解，因為即使只有一層自住物業，都潛藏著為數不小的財富，但「安老按揭」的爭議性同樣是最大的，全因港人最緊張層樓！接下來的章節將深入講解如何用盡港樓去配搭不同的工具來大「變薪」，實現退休無憂，甚至還能同時滿足其他理財願望！

5.2

安老按揭之大話怕計數

如前文提及，香港很多退休人士都不是「真窮」，只是他們的財富被港樓「綁死」，令資金缺乏流動性。只要對症下藥，要解決「假窮」並不難，其中一個辦法就是善用安老按揭。不過，就算明知道只要動用港樓就可以為退休生活提供更多收入，但要克服的心理關口仍然眾多，包括：

（一）面對子女的心態

香港家長普遍愛錫子女，希望盡可能將最多的財富留給子女，如非不得已都不想用層樓來支持自己的退休生活。故在網上討論區甚至新聞，都不時會看見有退休人士想賣樓套現，或申請安老按揭以支持退休生活，因而和子女鬧分歧。其實退休人士應該要向子女坦言自身的財務狀況，大可不必為如何分配自己的財富而有罪惡感，因為退休生活應該由自己主導，年輕一輩亦不該覺得自己有權支配父母的資產。

總之，萬一退休後沒有足夠的生活費應付開支的話，應該優先解決自己的收入問題，在不犧牲生活質素的前提下，才進一步考慮財富傳承，否則將是本末倒置。只有規劃得宜，才能創造三代多贏的局面。

（二）安老按揭「搵老人家笨」？

坊間質疑安老按揭「搵笨」之聲不斷，令很多退休人士因而卻步，懷疑安老按揭的可靠性。到底安老按揭是否值得申請，這肯定沒有標準的答案，因為每個人的財務狀況不一樣。不過，坊間許多主流觀點的確是可圈可點，想有效討論必須要計計數。所謂「大話怕計數」，其實絕大部分的理財問題，只要拿起紙筆計一計，箇中乾坤便一清二楚。

破解坊間迷思① —— 回本期太長

坊間一個常見的觀點，是指安老按揭的回本期太長，以下讓我們用實際數字來計一計：

陳先生現年65歲，擁有一個市值600萬港元的自住物業，準備申請安老按揭計劃。

申請人年齡:	65
物業估值[1]:	港幣 6,000,000 元
指定物業價值[2] (用於計算支付款項):	港幣 6,000,000 元
利息選項:	固定利率
利息:	首25年：年利率為4%；其後香港最優惠利率[3]減2.5%
	利息按未償還貸款餘額按月以複息計算（附註：香港最優惠利率由香港按揭證券有限公司(按揭證券公司)釐定，而該利率會不時變更。）
一筆過支付款項[4]:	最高限額[5]：港幣 2,443,680.00 元
	於首次提取貸款時申請的金額：港幣 0.00 元(非必須填寫)

年金列表[6]			
年金年期	於首次提取貸款時申請一筆過支付款項的金額 (港幣(元))	每月年金金額 (港幣(元))	年金總額 (港幣(元))
10 年	0.00	29,040.00	3,484,800.00
15 年	0.00	21,780.00	3,920,400.00
20 年	0.00	18,480.00	4,435,200.00
終身	0.00	16,500.00	7,920,000.00

陳先生選用的方案為：65歲、定息，首25年年利率為4%，其後按香港最優惠利率減2.5%，終身領取；以2023年4月20日官網計算機計算，可以領取的年金為每月港幣16,500。

如果所選擇的年金年期為終身，陳先生可以領取的年金為每月港幣16,500，即是每年港幣198,000。屈指一算，直到陳先生95歲時，他所領取的年金總額才超過600萬，有些人會認為，豈不是現時直接沽出物業，「現金為王」更划算？

圖表5.5　陳先生領取的年金總值

年齡	年金（每年）	領取總值（港元）
65	198,000	198,000
70	198,000	1,188,000
75	198,000	2,178,000
80	198,000	3,168,000
85	198,000	4,158,000
90	198,000	5,148,000
95	198,000	6,138,000

以上的計算，其實隱含了一個重大的盲點，因為申請安老按揭計劃的得益，除了每月可領取的年金金額外，還有一個居住權，申請人可以在該物業終身居住。假設市值600萬港元的單位每月租金是13,000元，即是每年租金為156,000元，陳先生所獲得的真正總額如下：

圖表 5.6 陳先生領取的年金連隱含租金總值

年齡	年金（每年）	隱含租金（每年）	領取總值（港元）
65	198,000	156,000	354,000
70	198,000	156,000	2,124,000
75	198,000	156,000	3,894,000
80	198,000	156,000	5,664,000
81	198,000	156,000	6,018,000

其實論回本期的話，陳先生於81歲時已經能取回物業的總值了，81歲後每活一年都是「淨賺」，更加重要是確保到100歲，甚至是110歲都有地方可住，兼有持續的現金流。

破解坊間迷思② —— 不能對抗通脹？

延續上述例子，雖說陳先生在百年歸老前都有地方可住兼有持續現

金流，但由於他每月可領取的金額是固定的，經過幾十年的通貨膨脹後，那每月的16,500元還值錢嗎？我們可以嘗試再從歷史數據尋找更客觀的答案。

香港消費者物價指數

香港消費者物價指數（Consumer Price Index, CPI），從消費者角度反映住戶所購買的生活消費品、服務項目等價格變動，統計範圍包含食品、住屋、電力、燃氣及水、煙酒、衣履、耐用物品、雜項物品、交通、雜項服務，主要採用外勤訪問形式搜集價格變化。

圖表5.7　2009年至2022年香港消費物價指數

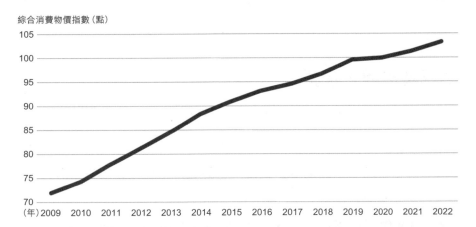

綜合消費物價指數（點）

參考官方公佈的「香港消費者物價」，2009年4月至2022年12月看的物價上升程度是42.9%，即年均約上升3%。

不過，在解讀以上通脹指標前，作為業主的你，更應該同時認識以下兩個指數：

香港私人住宅租金指數

香港私人住宅的定義為設有專用煮食設施、浴室和廁所的獨立居住單位，並不包括公共房屋發展項目。通過官方公布的「私人住宅租金價格指數」（年增率），我們能觀察租金的長期變化趨勢，留意租金價格統計不包含括稅、管理費及其他費用。

中原城市租金指數

「中原城市租金指數」是一個每月發佈的指數，它是基於中原集團的租務合約成交價而編制，用於反映最新的地產市場租金變動。

圖表5.8　香港私人住宅租金指數、中原城市租金指數與香港消費者物價對照表

	2009 年 4 月	2022 年 12 月	升幅
香港私人住宅租金指數	96.1	176.5	83.7%
中原城市租金指數	60	108	80%
香港消費者物價	72.3	103.2	42.9%

從歷史數據可見，租金的通貨膨脹幅度遠高於一般的物價指數。假設，一般物價的平均通脹是3％，而租金的平均通脹是每年5％，安老按揭計劃申請人的真實回本期將如下：

圖表5.9　陳先生折算通脹因素後所領取的租金總值

年齡	年金（每年）經通脹調整	隱含租金（每年）經通脹調整	折算後領取總值
65	198,000	156,000	354,000
70	170,029	199,100	2,163,483
75	146,010	254,108	4,095,270
80	125,384	324,313	6,236,495

如果將通貨膨脹的預期都放入計算當中，回本期將再早一點點，80歲便回本了。

經過以上一連串的計算，相信坊間有關安老按揭的兩大迷思都已經不攻自破，結論是安老按揭並非「搵笨」，既有終身現金流，亦暗收抗通脹的效果，而且比想像中更快「回本」！

不過，就如本章節開首所言，即使明白到安老按揭是很好的退休工具，尤其是對於現金流不足的長者而言，但許多長者最難面對的就是自己，無法突破自己的心理關口。因為許多長者都持有一個傳統觀念，認為物業必須留給兒孫，所以難以接受自己百年歸老後可

能「無咗層樓」。但如果再細心考慮一下，今天兒孫已分佈於世界各地，比起固定資產，流動資產可能更方便子孫未來的管理，也許自己是時候改一改心態？

安享退休生活　港樓以外的傳承

結合之前第二及第三章的內容，相信大家都已明白當涉及移民，在傳承物業或資產上將多出許多不同的考慮，除了將港樓直接傳承以外，其實還有很多不同的選項將資產薪火相傳下去，比如留下流動資產。

從前，一家三代都留在香港是比較普遍的，父母想將物業留給子女，既是資產也是回憶，但隨著環球流動性增加，如果知道子女未來都是「四圍走」，是不是必須將港樓留給他們呢？退休人士應該優先考慮自己的退休生活，如果能免卻身在外地的子女「心掛掛」，甚至減輕他們的經濟負擔，讓他們專心開展新生活也是有效「傳承」的一種！

接下來將進入安老按揭的進階應用篇，不同家庭狀況的朋友可以自行對號入座，因應自己的需要有效「變薪」。

5.3

安老按揭「送」你200萬

上一章節已和大家進行數據驗證，證明安老按揭絕非「搵笨」的工具，現在要進一步教大家更「醒目」的用法！本章節將和大家作一些實務上的討論，讓不同家庭狀況的退休人士都可以用盡港樓和安老按揭「變薪」！

在第三章我們曾經提到，有不少家庭選擇博一博，拿「舊樓當期權」；其實從投資角度來看，安老按揭更加是一個另類期權，而且這個期權在特定情況下，還附帶槓桿效果，且讓我們看看槓桿何來。

香港欠缺退休保障及社會福利的印象早已深入民心，以致理財規劃亦很少將退休福利政策包括其中，不過這也正正是理財的重大盲點之一。而安老按揭的一大好處，就是可以配合政府為數不多的長者福利同時使用，你可有想過如果妥善規劃，效果將等於政府送你過百萬的退休金？

「長者生活津貼」有樓人士亦可申請？

雖說香港的退休保障制度不夠健全，但香港政府還是有提供不同形式的津貼與補助計劃予退休長者，較為人熟悉的包括免入息審查的「生果金」、按入息及資產限額作定位援助的「長者生活津貼」，以及按個別需要而審批資助的「長者綜援」；對於有樓人士來說，最相關和最值得留意的是「長者生活津貼」。

「長者生活津貼」貼旨在為65歲或以上，有經濟需要的長者提供每月生活費補助。由2022年9月1日起，「普通長者生活津貼」及「高額長者生活津貼」已經合併，2023年2月起每月資助額為HK$4,060。

「長者生活津貼」申請資格及入息限額

- 年滿65歲或以上；

- 成為香港居民最少七年，及在緊接申請日期前連續居港最少一年（即該年離港日數不超過56日）；

- 領款期間連續在香港居住（廣東計劃及福建計劃參加者，亦可在相關省份領款）；

- 沒有領取其他津貼或綜援；

- 每月收入及資產並沒有超過規定限額。

圖表5.10　長者生活津貼每月入息及資產限額

長者生活津貼	單身人士	夫婦
每月總入息	HK$10,580	HK$16,080
資產總值	HK$388,000	HK$589,000

註：以上數據截至2023年2月更新，以官網為準。

「長者生活津貼」的審查有以下幾個特點：

- 入息不包家庭成員或親友每月或間中金錢上的援助（包括零用錢或家用），以及從安老按揭每月所獲得的款項；

- 資產不包括自住物業、將來自用的骨灰龕及保險的現金值。

模擬個案 —— 安老按揭結合退休三寶

陳先生和陳太太（二人均為70歲）持有一個自住物業（市值400萬港元），除此之外手上只剩下約100萬元的現金，預算每月的退休開支約23,000元。

申請人數：	2 ∨
申請人年齡：	70 / 70
物業估值[1]：	港幣 4,000,000 元
指定物業價值[2]（用於計算支付款項）：	港幣 4,000,000 元
利息選項：	固定利率
利息：	首25年：年利率為4%；其後香港最優惠利率[3]減2.5% 利息按未償還貸款餘額按月以複息計算（附註：香港最優惠利率由香港按揭證券有限公司（按揭證券公司）釐定，而該利率會不時變更。）
一筆過支付款項[4]：	最高限額[5]： 港幣 1,718,640.00 元 於首次提取貸款時申請的金額： 港幣 0.00 元(非必須填寫)

年金列表[6]			
年金年期	於首次提取貸款時申請一筆過支付款項的金額（港幣(元)）	每月年金金額（港幣(元)）	年金總額（港幣(元)）
10 年	0.00	20,240.00	2,428,800.00
15 年	0.00	15,400.00	2,772,000.00
20 年	0.00	13,200.00	3,168,000.00
終身	0.00	12,320.00	5,913,600.00

以市值400萬的物業計算，陳先生夫婦二人可每月領取年金金額港幣12,320至終身。
註：以4月20日官網資料為參考

他們將現時的自住物業申請安老按揭，可以領取每月年金金額12,320港元至終身，但與每月23,000元的生活開支相比，仍然差了10,000多元，既然申請了安老按揭後仍然不夠錢用，感覺有點「雞肋」，真是「食之無肉，棄之有味」。倒不如保留自住物業，待未來現金耗盡才賣出吧？怎樣才比較划算？

其實，陳先生和陳太太可考慮按以下的思路配置資產，並部署申請長者生活津貼：

圖表5.11　結合年金＋安老按揭＋長者生活津貼的資產配置

資產	價值	做法	每月現金流	申請長者生活津貼的重點
自住物業	400萬	申請安老按揭	HK$12,320	安老按揭所得款項不算入息
現金	50萬	銀行存款	HK$ 0	提取一半現金用於申請年金，餘下資產低於審查限額
香港年金	50萬	公共年金	HK$ 3,280（男 HK$ 3,280，女 HK$ 2,920）	年金入息不超過入息上限
		長者生活津貼	HK$ 8,120（HK$ 4,060 x 2 人）	
		總額	**HK$ 23,720**	

註：香港年金的金額會因應申請人性別而有不同。截至2023年4月，上述例子中，男性可領取的年金金額為HK$3,280，女性則為HK$2,920。

心水清的讀者可能發現，陳先生和陳太太的資產中現金減少了50萬港元，但就多了一項名為「香港年金」的資產，並每月帶來正現金流。現在讓我們先了解一下年金計劃，看看除了改變陳先生和陳太太組合中的資產配置，讓他們能通過申請長者津貼的限額審查外，還能帶來甚麼好處：

香港年金同為退休三寶之一，由香港年金公司承保，整付一筆保費後，便可終身領取，只要60歲以上的香港永久居民均可申請，入場門檻最低5萬元。

精明配置資產　安享退休生活

陳先生和陳太太表面上不夠生活費，但是經過合理的資產配置後，其實是足夠的。陳先生和陳太太只要合理運用安老按揭及年金計劃的話，每月可以多出來自長者生活津貼的每月8,120的現金流，即每年港幣97,440。假設每年的投資回報是4％，這説等於政府送他們一個總值244萬的投資組合了！

最後一提，長者生活津貼也具抗通貨膨脹的效果，以合併前的普通長者生活津貼為例，增幅如圖表5.12所示：

圖表5.12　2013年至2023年的長者生活津貼金額

生效日期	普通長者生活津貼金額	增幅
2013 年 4 月 1 日	HK$2,200	
2014 年 2 月 1 日	HK$2,285	3.86%
2015 年 6 月 1 日	HK$2,390	4.60%
2016 年 6 月 1 日	HK$2,495	4.39%
2017 年 2 月 1 日	HK$2,565	2.81%
2018 年 6 月 1 日	HK$2,600	1.36%
2019 年 2 月 1 日	HK$2,675	2.88%
2020 年 6 月 1 日	HK$2,770	3.55%
2021 年 2 月 1 日	HK$2,845	2.71%
2022 年 4 月 1 日	HK$2,920	2.64%
合併後的長者生活津貼		
2022 年 9 月 1 日	HK$3,915	
2023 年 2 月 1 日	HK$4,060	3.7%

上一章節我們曾看過數據，香港的物價通脹大約為每年3%，可見長者生活津貼金額亦能大致追上通脹而調整。或者有人會質疑，即使能抗通脹，也不過是每月數千元的津貼，金額並不高吧？但各位不要忘記，退休後的收入可以是0，每月多幾千元的收入，而且是「零投資風險」！不要忘記，政府的「退休三寶」是保障終身的，筆者建議各位可以積極考慮將三寶納入資產規劃當中。

所以，如果你以為「窮得只剩下一層樓」，更應該作全盤考慮並讓自己的物業為退休發揮最大的效用，只要懂得配合公共政策，安老按揭不單並非「搵笨」，反而可以有超水準的發揮！

適用於中產的「組合拳」

上一章節提到「窮得只剩下一層樓」，相信不少人都會對個案中的陳先生和陳太太有所共鳴，因為他們的資產分佈亦是今天大部份香港家庭的寫照——有一層自住樓及有一百萬至數百萬的資金，「身家」不少但卻擔心退休「唔夠錢使」。

不過，對於中產而言，有更多的家庭是既有自住樓，流動資產水平亦有數百萬，關心的不只是否「夠錢使」，而是如何用得更安心以及保存更多財富給子女。那麼有沒有辦法可以更有效地用盡手上的資產「變薪」，同時滿足多個願望？以下模擬案例將會示範一套「組合拳」：

模擬案例 —— 香港年金VS逆按年金

陳太，現年60歲，剛剛退休，一層市值約800萬的自住物業，另外有現金約328萬。居住問題雖無憂，328萬亦不算是小數目，但要「使過世」，仍然有難度，畢竟女性的預期壽命更長，醫療技術亦繼續進步中，活到90歲相信是毫無難度的。假設陳太希望每月用港元

25,000，完全不投資不理財的話，328萬只夠使用10年左右。

選擇① 香港年金

陳太用328萬認購香港年金，可終身領取15,416港元。香港年金的好處是提供終身的收入，活到120歲都仍然有年金可以領取，不過缺點是沒有足夠的身故賠償，以陳太的例子，她活到80歲後離世，所投入的328萬雖已回本，但一分錢都無法留給後人：

圖表5.13 陳太歲數與累計領取年金總額

	項目	港元
70歲	累計年金總額	1,849,920
	當刻身故賠償	1,430,080
80歲	累計年金總額	3,699,640
	當刻身故賠償	0
90歲	累計年金總額	5,549,769
	當刻身故賠償	0

備註：詳情請參閱官方網站，並以官方網站的最新資訊為準。

所以，她明知道每月領15,416港元距離她理想的退休生活有1萬元的差距，她也知道可以進一步將自住物業申請安老按揭，但她考慮到百年歸老後，香港年金計劃一分錢都不剩，安老按揭亦可能導致後人沒法繼承物業。最終，她只能犧牲退休生活質素！

選擇② 保單逆按＋安老按揭組合拳

陳太用328萬港元認購一份合適的人壽保險計劃，再將這一份人壽保險計劃拿去申請保單逆按，預期每月可領年金8,467港元至終身，同時她動用自住物業申請安老按揭，市值800萬身物業，選擇固定利率，每月可領17,600元。保單逆按每月提供8,467港元，安老按揭提供每月港元17,600元，合共每月約26,000港元，足夠滿足她的對退休生活的期望。

備註：不同保險計劃將引伸不同的年金金額，退休人士宜根據自身情況諮詢相關的專業人士，以上數字只供參考。

驟眼看，同樣是用328萬認購，保單逆按提供的年金比香港年金少近一半，而且需要同時申請安老按揭，但其實比起香港年金，保單逆按有不為人知的優勢：

圖表5.14 陳太累計領取香港年金與逆按年金總額比較

	項目	香港年金（港元）	逆按年金（港元）
70歲	累計年金總額	1,849,920	1,016,040
	當刻身故賠償	1,430,080	7,687,353
80歲	累計年金總額	3,699,640	2,032,080
	當刻身故賠償	0	7,955,916
90歲	累計年金總額	5,549,769	3,048,120
	當刻身故賠償	0	9,799,568

備註：假設保單逆按計劃利率在首25年為4%又及後為3.375%，由於利率於可升可跌，不同保險計劃的具體情況均有所不同，以上數字只供參考。

假設在90歲身故，香港年金的身故賠償是零，而保單逆按的身故賠償扣減所引伸的利息後，卻仍然有970萬的「理賠」，這筆身故賠償可用於償還安老按揭部分欠款，後人自然更有把握贖回物業。所以，組合拳「保單逆按 + 安老按揭」運用得宜的話，猶如魚與熊掌兼得！對於中產家庭來説，是一個不犧牲退休質素又可以兼顧財富傳承的方案。

補充知識 —— 安老按揭「贖樓」篇

從以上案例，相信大家都體會到「組合拳」的威力。現在回到一些年長朋友最關心的問題：申請安老按揭會否令子孫「無咗層樓」？抵押物業要如何贖回？先來裝備一下相關知識：

當申請安老按揭貸款的借款人過世後，物業的處置方式會有以下兩種：

1. 借款人的繼承人有權先全數償還安老按揭貸款，以贖回物業。這種情況下，物業將歸於繼承人所有。

2. 如繼承人選擇不贖回物業，銀行將出售該物業以償還借款人的安老按揭貸款。售出後如款項超過安老按揭貸款，銀行會全數償還安老按揭貸款後將餘額歸還給借款人的繼承人。但如售出後款項不足以償還安老按揭貸款，差額會由香港按揭證券公司承擔，因為香港按揭證券公司與銀行之間已作出保險。

另外需要留意，若果物業只得一名借款人，單名持有物業申請人過世後，配偶如想繼續居住單位，需要先贖回單位，再作安排。

至於如何「贖回」物業，涉及的利息怎樣計算，相信會是讀者最關心的問題。由於安老按揭通常不會提前還款，而利息計算基本上是根據貸款的總結欠計算複利息，視乎借款人的申請及過身年齡，後人的確有機會面對父母過身後，安老按揭利息滾大，不知應否贖樓的難題。讓我們返回上文陳太的例子，分析一下後人面對贖樓難題時的部署思路：

續模擬案例 —— 計算利息　考慮贖樓與否

回到陳太的例子，假設她於90歲身故，以定息計算的話，安老按揭所引伸的利息結欠或將高達1,600萬港元。另一邊廂，她用於申請安老按揭的住宅物業，以較樂觀的假設進行推演，如樓價的升幅略低於通脹，舉例年均2.5％增值，物業的價格將上升至約1,600萬，與利息結欠持平。另外，如前文所述，她用於申請保單逆按的保單於她身故後的「淨理賠金額」預測為970萬。所以，她的後人在繼承財富上可以有下兩個部署：

備註：利息結欠屬估算數字，具體數字視乎實際情況而有所不同。

部署① 物業升值不似預期　不必贖樓

基於種種原因，物業的價格低於利息結欠1,600萬，後人則沒有必要贖回物業，但亦無須負擔當中的差額。故此，後人淨繼承財富為保險的「淨理賠金額」970萬。

部署② 壽險紅利滾存不似預期 仍然有賺

假設人壽保險的紅利滾存同樣不及預期，舉例只有一半，而「淨理賠金額」是485萬，至少陳太的退休生活不用煩惱生活費及居住問題，而後人亦繼承了一筆金額不少的財富。

由此可見，將安老按揭結合不同的理財工具，將能發揮更大效果。接下來讓我們來看看更多不同的「組合拳」招式！

5.5

活化物業變薪
套息自製長糧

看過之前數個章節，相信不少讀者都已經能對號入座，找到與自身情況最相似的模擬個案，例如比較典型的「窮得只剩下樓」，或者如何能夠將手上幾百萬現金更有效運用。加上第二章**曾提及的移民人士如何利用安老按揭慳稅兼創造現金流變薪**，大家應該都對安老按揭的應用有了新的印象，原來「安老按揭」並不是只有老人或完全沒有流動資產的人才會申請，懂得運用的話就是幫自己「加薪」的好工具，也能讓大家的退休規劃更多元化。

不過亦正如前文所說，對於某些朋友而言，申請安老按揭仍然有一些心理關口難以衝破，包括親人間的矛盾與憂慮，萬一真的在自己百年歸老後，滾存利息過於巨大，後人贖不了樓呢？雖說只要將不同工具搭配得宜，便有條件做到「魚與熊掌兼得」的效果，但除此之外，是否仍然有其他更理想的潛在選項呢？

辦法是有的，對「安老按揭」有所顧慮的朋友其實還有另一個選擇，就是「普通按揭」，一般按揭只要運用得宜，也能達到相若的效果。

自行活化物業套息　創造現金流

近年街頭巷尾都出現不少被政府「活化」的工廈和商場，但其實「物業活化」亦是一個理財術語，簡言之就是將手上的物業，特別是指自住物業，向銀行「再按」或「加按」，並配合投資工具去「套息」。舉例來說，你申請了一筆按揭貸款，再利用該筆貸款去投資，務求達到以下效果：

每年投資回報 ＞ 每年按揭還款 ＝ 正現金流

這樣本來鎖死在物業上的財富便可以釋放出來賺錢，畢竟除非你租一間房出去，否則自住物業不可能為你帶來現金流。不過，本章節並不是以投資為主題，重點非旨於教大家將「物業活化」來炒股買賣，而是針對如何做好理財規劃，為退休後「加薪」。另外，亦需指出物業活化並不是萬能藥，並非人人適用，讓我們先來做好部署，探討一下它適合甚麼人，如何能更好地操作。

部署① 爭取更佳按揭條件

雖說部份人對「安老按揭」略有抵觸，相反絕大多數有樓人士對於一般按揭卻肯定不會陌生。不過，和年輕時置業不一樣，退休人士想申請按揭時，銀行會「諗過度過」才借錢給你，畢竟申請人的年齡是按揭批核其中一個關鍵因素。以現時的銀行按揭來說，最寬鬆的銀行以「85減年齡」為上限，故此年紀愈大，可以借款的年期相對愈短，變相每月的還款金額亦比較大。

當然，如果在退休前，仍有「收入」的情況下申請按揭，自然比較容易獲批。所以，「物業活化」會較適合稍微年輕一點的退休人士，或者說在退休前提早部署申請，將會是更有利的時機，更大機會能爭取到較佳的按揭成數及還款期。

部署② 評估個人投資水平及所需回報率

前文已講到明物業活化是類近「套息」的操作，部署①中的借錢條件是一個變量，而另一端便是投資回報。如果投資回報欠佳，絕對是「賠了夫人又折兵」！讓我們來計算一下，投資回報要做到何等水平，才能帶來正現金流：

以借款100萬港元，按揭實際利率3.2%，並以「85減年齡」為上限：

圖表5.15 活化物業每年最低投資回報要求

年齡	按揭最長年期	每年還款（港元）	每年最低投資回報要求
55	30	52,000	5.2%
60	25	58,000	5.8%
65	20	68,000	6.8%
70	15	84,000	8.4%
75	10	117,000	11.7%

如圖表5.15所示，透過將自住物業申請按揭進行「活化」，並希望獲取到正現金流，60歲以下的申請人，每年只要做到5.8%以上的投資回報即可，而75歲以上的申請人便需要做到11.7%以上的投資回報了。

其實即使不動手計算，大家也應該心裡有數，畢竟按揭貸款是按月還款的，手上的本金在持續減少，還款年期愈短，回報要求自然提高，難度肯定愈大。從環球股票市場的長期平均回報約8%至10%的角度看，理論上「物業活化」是可行的策略，但具體操作和年齡有很直接的關係。本章節旨於為大家提供「更保守」的選擇，大家看看以下模擬案例，便能發現在退休前提早部署的優勢。

模擬案例 —— 活化物業 出糧出到100歲

陳先生今年50歲，持有300萬港元流動現金和一間自住物業，他希望在60歲退休，預計退休後每月支出1.3萬元。他現時考慮用「自住物業」為自己「加薪」。

陳先生10年前以600萬買入自住物業，當年的按揭條款如下：

圖表5.16　陳先生自住物業的按揭條款

樓價	600萬（港元）
按揭	六成
按揭金額	360萬
供款年期	20年
利息	H+1%，封頂 P-2.4%

當年每月供款17,500港元,現時在加息周期下,每月需供款20,900元。10年過去,陳先生的物業升值至1,000萬,按揭還款餘額200萬。除了乖乖還清欠款,擺脫欠債以外,陳先生還可以選擇以下物業活化方案,帶來意想不到的「加薪」效果:

「活化」第一步 —— 物業加按

以現時的按揭政策,市值1,000萬港元的物業加按最多可借到500萬,不過陳先生追求穩健,最後決定只借400萬,年期30年,現時利息3.2%,每月供款17,200,現金回贈1.5%。

圖表5.17　陳先生自住物業的加按條款

樓價	1,000 萬(港元)
按揭	四成
按揭金額	400 萬
供款年期	30 年
利息	P-2.5%
套現金額	200 萬

物業活化方案為陳先生帶來的即時「福利」:

1.　透過活化方案,陳先生的每月供款比之前減少3,700元(20,900－17,200);

2.　轉按獲得一筆過現金回贈6萬元;

3. 30年按揭期間，銀行會代為保管樓契，減少退休後保管樓契的煩惱。

「活化」第二步 ── 套息再投資

加按能套現200萬港元，配合手上的現金300萬，陳先生共有500萬資金可用作投資。由於陳先生打算60歲退休，故此有10年的時間滾存投資回報，假設投資組合的每年回報為6%，10年後陳先生的投資組合便由500萬升值至900萬元。

如果陳先生退休後的投資取態變得更保守，目標降低至每年4％投資回報，即每年36萬（平均每月3萬元），扣除1.7萬的供款，還有1.3萬流動資金供日常開支用。

「活化」第三步 ── 退休前臨門一腳　再轉按

如果陳先生想在規劃退休開支上更有彈性，可以在剛滿60歲，退休的前一刻再申請轉按，將餘下20年期，餘額300萬港元的按揭轉按至25年，令每月供款下降至1.45萬，而且每月將有1.55萬作為日常開支！這個投資組合若果配置得宜，直到100歲仍能繼續月月有糧出。

圖表5.18 「物業活化」變薪流程

持有現契物業或
已升值按揭

加按套現，並選用最長
按揭年期，增加效益

增值

加按

利用套現資金進行投資或
購買理財工具

套息

選擇合適的增值
組合，回報比按
揭利息高，便有
套息作用

簡易DIY投資組合　回報率達6%

有讀者可能有疑問，陳先生的物業活化方案看似理想，但自己真的
能於退休後做到每年4％至6％的投資回報？會不會十分困難？以下
是簡易的DIY投資組合供各位參考：

圖表5.19　簡易投資組合資產配置

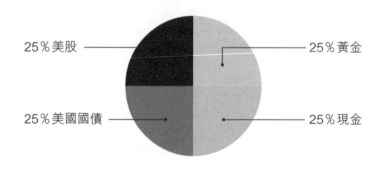

25％美股

25％黃金

25％美國國債

25％現金

圖表5.20　簡易投資組合的整體歷史表現

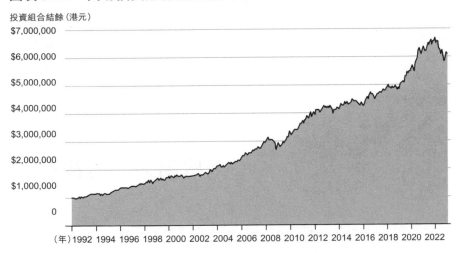

投資組合結餘（港元）

從歷史角度看，將資產25％均配股票、債券、黃金和現金，如此簡易的組合亦能帶來不俗的投資回報，如果在1992年投入100萬港元至以上組合，組合將會在2022年增值至約600萬，複息回報達6％。

如果用上述組合來退休，每年從中提取4％作退休生活費，以400萬本金來計算，首年提取16萬而及後按通貨膨脹調整，表現仍然不俗，年年「有錢用」之餘，組合亦能保持升值，從1992年的400萬升至2022年的約680萬，最重要的是此組合「夠穩定」！組合在大部分時間均維持增長，即使是表現較差的時間，亦不會減值超過6％，即使是最壞的2008年金融海嘯，組合從高位減幅也只是約13％，而且很快便收復失地。

以上簡易投資組合僅為拋磚引玉，旨於說明每年4%至6%的投資回報並非遙不可及，若然你有一定的投資知識與經驗，利用一般按揭進行「物業活化」將會是頗適合你的變薪選擇，如果能夠在60歲甚至或之前就開始部署，還會帶來更佳回報。再退一步說，即使不談退休與再投資，定期將物業「加按」或「轉按」，增加現金流，隨時都可以幫自己少供幾個月樓，不失為一個幫自己「加薪」的辦法。

檢視資產水平 配搭安老按揭／一般按揭

安老按揭與一般按揭都能夠有活化物業的效果，雖然每一個人退休求的生活水平都不一樣，難以有劃一的標準，不過大家可以根據以下的分類，籠統地了解自己適合哪一個「套餐」：

圖表5.21　按資產水平可選「變薪套餐」一覽

物業	流動資產（港元）	套餐
只有一個自住物業	少於 200 萬	• 安老按揭 • 香港年金或類似效果的私營儲蓄保險計劃 • 長者生活津貼
只有一個自住物業	不多於 400 萬	• 安老按揭 • 合適的儲蓄保險計劃 • 保單逆按
只有一個自住物業	多於 400 萬	• 一般按揭 • 基金組合

當然如果你持有多於一個物業，流動資產亦比較豐富，「物業活化」可能不是你最優先的考慮，但善用流動資產去配置年金、保險或基金組合，從而獲取穩定的現金流仍然是值得掌握的技巧！你甚至可以進一步考慮繼續你的投資之路，為自己或家人準備一份未來的「花紅」，稍後第六章將會詳談港樓在當下趨勢的投資機會。

「分身家」的規劃藝術

上一章節提到有些朋友不敢採用安老按揭，因為怕後人贖不了樓，出現財富傳承的問題。通俗一點說，「分身家」絕對是一門藝術！有時更不只是錢的問題，而是要兼顧家庭關係。所謂「家家有本難唸的經」，每個家庭都需要因應自身的情況作理財規劃，沒有一定的最佳方案，但卻可以肯定不規劃就是最差的規劃。

況且，在香港隨便持有一個或以上的物業，身家已經以千萬計，豈有不考慮傳承的道理？如果你甚麼都不規劃，有時資產傳給誰也不到你話事。

圖表 5.22　香港有／無遺囑下的遺產分配情況

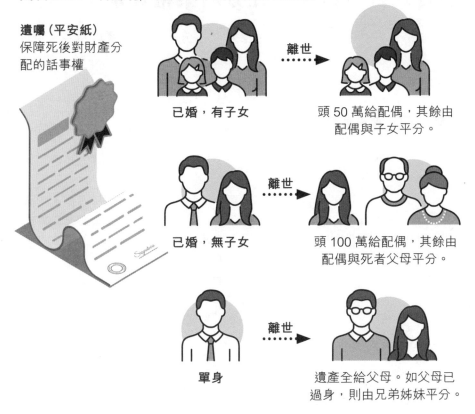

遺囑（平安紙）
保障死後對財產分
配的話事權

已婚，有子女 ······→ 頭 50 萬給配偶，其餘由
配偶與子女平分。

已婚，無子女 ······→ 頭 100 萬給配偶，其餘由
配偶與死者父母平分。

單身 ······→ 遺產全給父母。如父母已
過身，則由兄弟姊妹平分。

備註：以上為簡述，詳情請參閱相關條例。

作為遺產的一部分，物業當中有更多的細節值得注意，包括業權形
式、有沒有相關債務或按揭欠款，均會引伸不同的影響。

想有效傳承物業　先分清業權類別

香港的業權大致分3種，包括全權擁有、分權共有，和聯權共有，3個業權形式的繼承方法也有所不同。所以，希望將物業傳給指定的人，第一步是檢視有關物業的業權類別：

圖表5.23　香港業權種類一覽

全權擁有 （Sole ownership）	即是物業僅得一位業主。業主過身後，物業便全權屬於指定或法定的繼承人。
分權共有 （Tenancy in common）	即「聯名物業」的其中一個形式，每名業主各持一定比例的業權。業主過身後，其所持有之業權部分，會自動由其遺產受益人所取得，繼承人會成為聯名業主之一。
聯權共有 （Joint tenancy）	亦屬「聯名物業」的其中一個形式，又稱「長命契」。聯權共有下，身故者持有的物業權益，將自動由其他在世的聯權共有人繼承，直至剩下最後一人為止。 如原本只得 2 名聯權共有人，在世的聯權共有人便成為物業唯一擁有人。如聯權共有人多於 2 名，身故者生前擁有的權益將平均分予在生的共有人。

如果不做好遺產規劃，日後可能會將麻煩連同物業一同傳給後人，甚至引伸潛在的稅務問題。照理來說，香港沒有遺產稅，故子女繼承父母的遺產時，無論該份遺產有多豐厚都不用擔心遺產稅的問題。而在繼承遺產中的物業時，不論是住宅物業或非住宅物業，雖涉及物業的持有人轉換，但繼承人都不用支付任何印花稅。那到底有甚麼麻煩及潛在的稅務問題呢？

模擬案例 ——
缺乏部署　傳承物業同時傳承麻煩

陳先生與陳太太現時均為60歲，以「長命契」的形式共同持有一個市值1,000萬港元的物業。陳先生與陳太太有兩名兒子，兒子A（哥哥）決定移民英國展開新生活，而兒子B（弟弟）則留在香港。

一天，陳先生過世，假設他生前沒有理財習慣，沒有任何保險或股票等的資產，但他已立下遺囑，將現金200萬與物業全數留給陳太太，所以物業變成由陳太太全權擁有。陳太太亦同樣不作任何投資理財，退休後生活一味靠「慳住使」及依賴兩名兒子的供養。幾年後，陳太太過世，由於她沒有立下遺囑，物業的業權將由兒子A和兒子B繼承，二人各佔一半權益。

此時，潛在問題出現了，A和B接受遺產的心情並非歡天喜地，反而有著各自的難題要面對：

兒子A面對的難題 —— 人在外地 難以管理物業

由於兒子A已移民英國，無暇管理位處於香港的資產，接收遺產後，他想到以下兩個處理方法，但又各自引申潛在問題：

圖表5.24　已移民的兒子A接收遺產後的處理方法

處理方法	潛在問題
賣出 50％的業權	• 半契樓 * • 弟弟有錢買入自己 50％的業權嗎？
保留 50％的業權	• 未來才沽出或需繳納資產增值稅 • 甚麼都不做，他日再將物業傳給自己的兒子就需要面對遺產稅

*當物業有多於一名業主，若物業由二人平分，其中半份業權於市場放售，我們會稱為半契樓交易，由於半契樓是較特殊的物業，市面上願意投資的人較少，若要賣出時會有較大折讓才會有人承接。同一時間，餘下的業權估值亦因為契約變得零碎而下跌。

兒子B面對的難題 ── 現金不足+失去首置名額

兒子B人在香港，理應較易管理香港物業，但他接收遺產後，同樣生出不少煩惱：

圖表5.25　留港的兒子B接收遺產後的處理方法

處理方法	潛在問題
買入餘下的 50％業權	• 何來現金？ • 向哥哥買入 50％的業權是需要繳納香港印花稅的
賣出自己的 50％業權	• 半契樓 • 哥哥已人在外地，根本不願意購買難以管理的香港物業
保留 50％的業權	• 自己本身沒有物業，是否值得放棄香港的「首置名額」，失去買入更心儀物業的機會？

無論最終兒子A和B採取哪一個解決方法，都會引伸出更多的問題與各自的煩惱，如果處理不善，甚至會引發不少親人間的矛盾。既然「不規劃就是最差的規劃」，如果可以時光倒流至陳先生和陳太太過世前，有沒有方法可以及早規劃，達至兩全其美的結果？

辦法當然有，而當中一個可行的工具竟然是安老按揭！原來只要部署得宜，安老按揭也能化解後人間的爭議！

安老按揭 —— 豐盛退休　兼以現金傳承資產

陳先生和陳太太先將自住物業「賣給」兒子B，由兒子B轉做八成按揭，首期200萬港元由陳先生和陳太太支付。經過上述的操作，陳先生和陳太太手上的現金不減反增，變成手持約800萬的現金。

然後，陳先生和陳太太再聯名Full paid*買入一個市值600萬的新單位，Full paid後仍然有200萬的現金，便將200萬贈予兒子A，免卻了兒子A未來繼承香港資產後的英國稅務問題。一年後，陳先生和陳太太搬回原有的物業居住，並將新買入的單位以每月租金12,000元租出，並同時申請安老按揭（選擇聯名申請 + 定息 + 提取終身，資料以4月20日安老按揭官網計算，只作參考），每月可領取年金11,880港元，每月的現金流合共23,880元，足夠應付二人的退休生活開支，並且能住在原有居所，直至終老。

* 重點思路：陳氏夫婦以聯名申請安老按揭，因為若其中一方離世，餘下的一位仍可繼續領取年金；而由於兩個兒子都傾向不接收物業，待陳氏夫婦離世後，更簡單的做法是後人可以選擇不贖回物業，並將賣出物業後的資金平分。

憑安老按揭傳承　滿足三個家庭

經過了這連番的操作，便能達至三贏效果：

- 陳先生和陳太太可獲取23,880港元現金流供退休生活之用，不用依賴兒子供養，終身無憂。同時，提早完成了財富傳承的部署。

- 兒子A獲父母贈送的200萬現金，助他在英國開展新生活。提早以現金形式代替物業傳承資產，解決了日後潛在的遺產稅及資產增值稅風險。

- 兒子B留港照顧兩老，提早便繼承了父母的物業，相等於獲得了200萬首期，及後只需按時供樓，便可享受未來樓價的潛在升值。

當然，以上只是簡化例子，將買賣雜費等支出排除，不過亦能帶出只要提早規劃及一家人有商有量，有時處理的辦法，可以很多元化，並帶來完全不一樣的效果！

5.7

從聯名戶口到平安三寶

只要有至少一間物業在手，那怕是自住物業，規劃得宜就絕不怕退休「無錢使」。上一章節我們集中討論如何提早規劃物業與資產的傳承，不過，有了良好的規劃都必須再多走一步，才可以避免「人在病床，錢在銀行」。

以下是一個可能發生在你我身邊的模擬故事：

陳先生是家庭的經濟支柱，陳太太是家庭主婦，全職照顧兩名子女。某日，陳先生突然中風，被送到醫院搶救後一直昏迷不醒。幸運的是陳先生購買了危疾保險，陳太太馬上致電保險公司索償，保險理賠金亦順利批出並存入到陳先生的銀行戶口，但由於陳先生已昏迷，自然無法提款，陳太太很有可能沒有辦法從陳先生的銀行戶口提款支付醫療費用及日常開支。

上述故事固然不幸，但隨著愈來愈長壽，長者退休後，因身體原因而未能處理銀行事宜，致有錢不能用，絕對不是天方夜譚，畢竟客觀數據就在眼前。

根據衛生署的資料顯示，本港每10名70歲或以上長者中，便有1人
患上認知障礙症，而每3名85歲或以上長者中，則有1人患上認知
障礙症。

圖表5.26　香港患上認知障礙症人口數據

85%以上長者有25%患有認知障礙

認知障礙症在香港的情況

70歲或以上長者　每10名70歲或以上長者，便有一名患者。

85歲或以上長者　每3名85歲或以上長者，便有一名患者。

**香港將面對人口老齡化
認知障礙症患者將隨之劇增**

2039年
約300,000名患者

2009年
103,433名患者

資料來源：香港認知障礙症協會

如果最信任的子女不在身邊，自己的身體卻經常不適甚或記憶變差
以至神智不清，應該事先委託其他信任的親友代為處理銀行事宜及
支付日常開支嗎？直接給一筆錢對方絕對不是好辦法。那麼，還有
甚麼其他選擇？

選擇① 開聯名戶口

有部分人可能會馬上想到不如去銀行開一個聯名戶口，萬一自己未能去銀行也有親友可以動用資金。但要留意，開聯名戶口也是有風險的，以下的重點需要先考慮清楚：

風險① 聯名戶口其中一方欠債，如何是好？

聯名戶口持有人擁有共同的權益和責任，倘若戶口的其中一方持有人拖欠債務而未能償還，導致債權人循法律途徑追討還款，欠債人名下的所有戶口（包括聯名戶口）都有機會被凍結，甚至強制被用於償還債務。

風險② 聯名戶口持有人可以單方面從戶口提款或轉賬嗎？

視乎開立聯名戶口時選擇的是「單簽」還是「雙簽」。「單簽」是指只需任何一方的簽署即可提款；「雙簽」則是指必須兩位戶口持有人同時簽署才可提款。「雙簽」的保障性更高，但如果用意是在自己行動不便，未能經常去銀行而需要他人代為處理的話，選擇「單簽」自然較合理，但就有需要承受較高的風險，必須慎選聯名人。

風險③　聯名戶口的其中一方過身，戶口存款歸誰所有？

聯名戶口分為「聯權共有」、「分權共有」兩種。若開戶文件列明戶口為「聯權共有」，其中一人身故後，擁有權將自動轉移至尚在生的聯權共有人；「分權共有」即各人佔有若干百分比的財產，沒有優先繼承另一方資產的權利。所以，開戶口時記得不要忽略了相關的細節。

選擇②　添加被授權人

所以，看似人人都識的聯名銀行戶口，原來當中也有不少理財學問。既然聯名戶口未必是好的解決方案，那在自己單名的銀行戶口添加一個授權人，會否比較理想呢？當中又有風險嗎？

風險①　被授權人有多大的權限？

若使用銀行制定的授權書，會是一份標準文件，不可刪改任何條款。一般授權人能行駛以下權力：

- 查詢戶口資料
- 轉帳
- 提存現金
- 簽發支票

- 申領月結單
- 設立常行指示和自動轉帳
- 更改通訊地址

與聯名戶口「單簽」的情況相同，因為要授權他人代為轉帳及提取現金，必須慎選被授權者。

風險② 授權會失效嗎？

銀行戶口的「授權人」和「被授權人」之間的關係屬於一般授權，「一般授權書」（General Power of Attorney）會在授權人（即戶口持有人或Donor）變為精神上無行為能力時（包括中風、認知障礙等），在法律上自動失去效力。

除此之外還有以下情況會使授權失效：

- 戶口持有人（授權人）逝世
- 戶口持有人（授權人）書面通知擬取消授權
- 代理人逝世
- 代理人精神上失去行為能力
- 代理人擬撤銷獲授予的權力
- 代理人破產
- 銀行行使權力暫停或終止授權

心水清的讀者應該發現到問題，既然授權的用意是希望當自己身體情況出問題時，有人可以代為處理銀行事務；但事實卻是萬一自己身體變差，例如中風，授權會自動失效，重要時派不上用場。

圖表 5.27　聯名戶口與單名戶口添加「被授權人」的風險

	潛在風險
聯名戶口	<ul><li>資金被挪用</li><li>潛在的欠債及破產爭議</li><li>遺產繼承的注意事項</li></ul>
單名戶口添加「被授權人」	<ul><li>資金被挪用</li><li>授權或於身體狀態變差時失效</li></ul>

原來，聯名戶口和為單名戶口添加「被授權人」都屬於此路不通。由此看來，即使不希望意外發生，也要做好準備以防萬一，就像大家會擔心生病而購買醫療保險一樣，所有退休人士都需要及早為自己準備好「平安三寶」。

退休人士必備的「平安三寶」

圖表5.28　「平安三寶」解說

	用途
遺囑	俗稱平安紙，用途在於自己預先説明離世後的遺產如何分配、由誰分配及分配給誰等的意願。
持久授權書	簡稱 EPA（Enduring Power of Attorney），自己預先授權信任的人，在自己腦退化或大病至不醒人事時，代自己處理財產，供養自己和家人。
預設醫療指示	簡稱 AD（Advance Directive in relation to Medical Treatment），自己預先説明萬一成為末期病患或已成植物人，不願意用辛苦而未必有療效的方法來延長生命。

還記得我們在第三章提及，要解決物業遙距管理問題，第一步是設立好授權書嗎？同樣地，現在要解決「人在病床，錢在銀行」，授權書同樣不可或缺，讓我們先了解一下何謂「持久授權書」：

問題① 　持久授權書的用途？

當事人因失智時（即患上腦退化症或認知障礙症）或因病重而變得神志不清，不能處理自己的財產，其他人又不能處理當事人的銀行戶口，當事人及家人的生活均受嚴重影響。就如本章節開首的模擬事中，陳太太無法動用陳先生戶口中的保險賠償金一樣。如果陳先生事先簽訂

了持久授權書，陳太太便可以動用其戶口的資金。因為當事人如果神志不清，其受權人就可以繼續用當事人的財產照顧其本人及家人。

圖表5.29　當事人神智不清而令家人生活嚴重受影響

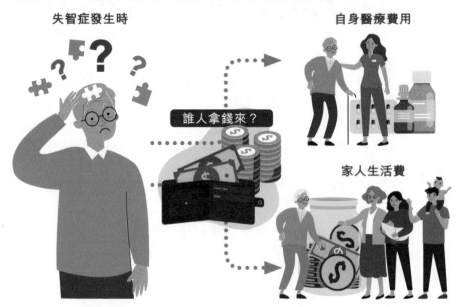

失智症發生時

自身醫療費用

誰人拿錢來？

家人生活費

問題②　何謂「持久」？

如同前文選擇②中的添加被授權人，一般授權書在當事人失智後便失效，但持久授權書則不受影響，能在當事人失智後繼續生效。在持久授權書中，當事人委託一位或多位受權人代自己處理財產或行政事務，在持久授權書正式簽立後，一旦當事人精神上無行為能力（即失智或神志不清），或正變為精神上無行為能力，受權人只要向高等法院註冊該持久授權書，便可以代當事人處理財產或財政事務。

圖表5.30　受權人註冊已簽立的持久授權書，解決財產問題

神智精醒時

簽立持久授權書以
委任受權人

受權人

失智症發生時

受權人可管理
當事人的財產

收租

提款

註冊後

受權人向高等法院
註冊持久授權書

支付當事人的醫療費用及家人的生活費

備註：以上為簡述，詳情請諮詢相關專業人士。

問題③　當事人失智而沒有持久授權書可怎辦？

根據本港法例，親友可以透過申請「監護令」幫忙執行及管理當事人的資產，申請須要經過監護委員會的審批。不過要留意，監護令只能處理少量銀碼，每月只可動用上限$19,000元作為當事人的生活費。因此，如家人想協助長者變賣資產時，監護令未必適用。此時，他們需要由兩位精神科醫生同時證明涉事長者已完全喪失精神能力，並透過律師的協助向高等法院申請產業受託監管，再由高等法院指定家人或委託人去處理長者的財務安排。委託人需要定期向高等法院匯報資產的處理方法，避免資產被濫用。

圖表5.31　監護人與產業受託監管人比較列表：

監護令之監護人 Guardian	產業受託監管人 Committee of the Estate
監護人的角色，是精神上無行為能力人士（下簡稱「失智者」）在治療或照顧方面的決策人。財產管理方面，只限於動用若干現金作為失智者的生活費，現時的上限是 19,000 港元。如失智者有物業、股票，監護人也無權處置。換言之，失智者的財產除現金之外，等同被凍結。	產業受託監管人的角色，是失智者財產的管理人（例如買賣物業、股票），有權用失智者的財產照顧失智者，以及失智者的家人。
監護令有效期限，首次一年，續期每次最多三年。	任期無限
直接向監護委員會（Guardianship Board）申請，不必經律師，但須支付醫生作出評估的費用，需時數個月。	向高等法院申請，程序較複雜，律師費比較貴，至少數萬元，需要約半年至一年，甚至是數年。

模擬案例 —— 差一紙授權書「有錢無得使」

陳先生屬於典型中產，擁有一層自住物業、總值約400萬港元的股票組合以及現金約20萬，卻患上了腦退化症。他的子女已移民海外，未能經常留在身邊照顧，故希望為陳先生安排一間高質素的安老院入住，每月院費約25,000元。陳先生沒有準備持久授權書，所以他的子女正在為財務問題而煩惱。

子女面對的問題：

- 申請監護令的話，每月可動用的現金上限為19,000港元，並不足夠支付老人院的費用；

- 陳先生擁有不少資產但現金只有約20萬，在監護人只可以動用現金的情況下，一年左右的時間便會耗盡現金，其他資產等同被凍結，即使眼見股票獲利亦無法「止賺」。

- 家人需要進一步向高等法院申請產業命令，設立產業受託監管人，但過程漫長，而子女間亦可能因為管理問題而發生爭執。

備註：以上為簡述，詳情請諮詢相關專業人士。

成功「變薪」 持久授權書不可少

如果陳先生有準備持久授權書的話，他所信任的人將有權限處理財務事宜，不致於落入此困境，子女大可動用他的其他資產變現，400萬港元的資產至少亦足夠支撐十年或以上的安老院開支。既然持久授權書那麼重要，為甚麼不準備？相關費用很貴嗎？

簽立持久授權書需要請一個香港律師和一個註冊醫生在場見證，但一般來說收費不高，甚至可低至1萬元左右，這個「保費」值得給吧？

本章節的重點不是教大家變薪，而是討論如何出糧的「行政安排」，希望大家透過前面的章節學會港樓規劃變出現金流後，不要忘記加上一張持久授權書，這樣更完善的退休方案便大致完成！

第六章
變薪之後再投資——
花紅篇

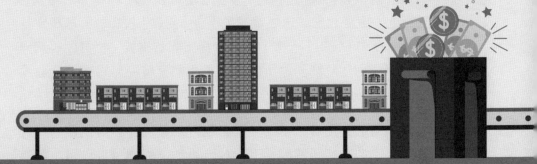

6.1

政策配合「舊樓博收購」 成功率增

在第一和第二章已和大家分析過，移民家庭不一定需要急沽港樓避稅。不過，如果一些家庭資產較豐厚，基於稅務及資產管理的考慮，的確有誘因減持部分港樓，令香港樓市多了不同種類的放盤；而閱讀至此，讀者們應該已經掌握了不少「變薪」技巧，獲取穩定現金流有法。正如「打工」一樣，月月有糧出固然重要，但更開心莫過於偶然能夠收到「花紅」！所以接下來我們會集中討論如何把握投資港樓的機會，自製「花紅」的策略！

無論你是如同前文所言，以「一家三代」為單位作理財規劃，實行「棄舊買新」；抑或如第四和第五章的分析般，經濟條件許可，便為了自己或父母更好的退休生活而考慮換樓，借機「提早傳承」，大方向同樣是「棄舊買新」。

設市場上大部分人都有類似的思路，舊樓是否只是被沽售的對象，不宜沾手？其實如果從投資角度，「好東西要有好價格」才是好投資，所以如果能把握機會吸納舊樓，可能不失為一個人棄我取，而且有利可圖的選項。

擇舊而沽 VS 人棄我取

在第三章我們已討論過如果移民家庭要減磅，通常都是「擇舊而沽」，免去日後遙距管理的麻煩；而第四章亦提及如果計劃在香港退休，可以考慮沽出舊物業買一個新單位，既方便自理亦有利他日傳承。那麼，如果自己並非考慮退休，只是視作一個投資機會，又計劃長期留港，已準備好心力與財力，買入舊樓「博收購重建」是否可取？

事實上，在議價空間擴大的今天，舊樓的確重新浮現其價值，「博收購重建」是其中一個巨大的商機，因為過去阻礙舊區重建的障礙正在逐步減少，加快重建的誘因卻不斷增加。

圖表6.1　舊區加快重建的障礙或誘因變化

障礙或誘因	近年變化
「強拍政策」	• 政府正在討論修改強拍條例，加快收購流程，如修例成功，樓齡越大強拍門檻便越低，有機會低至只需集齊六成業權。而且相連地段的申請會比以往彈性更高，能完成收購的地盤面積亦有望增大，此舉將更加吸引發展商進行收購 ；而重建價值更高，連帶小業主亦有利提高收購叫價。 • 如強拍門檻降低，亦可能有助「拔釘」，令原本已有意沽售舊樓予發展商的業主加快拍板，減低了受他人影響而改變主意的機會。
業主欠溝通	• 民政署一直推動舊樓業主組成立案法團，過去 10 多年成功減少近 20% 的三無大廈： • 業主間欠溝通絕對是令發展商難以收購整棟大廈的障礙之一，成立法團不但令維修和管理更有效率，更能促進業主間的溝通，加快發展商的收購進程。
物業正加速老化	• 現時全港舊樓數目已接近 1 萬棟，主要集中在深水埗、灣仔、油尖旺、九龍城等舊區，而且每年增長速度持續上升，樓宇老化將會愈來愈嚴重，到 2046 年全港將有一半物業樓齡超過 50 歲。 • 愈來愈多物業，乃至相連的物業踏入「強拍的射程範圍」，更易遇上物業被收購。

圖表6.2　2011年至2019年「三無大廈」數目

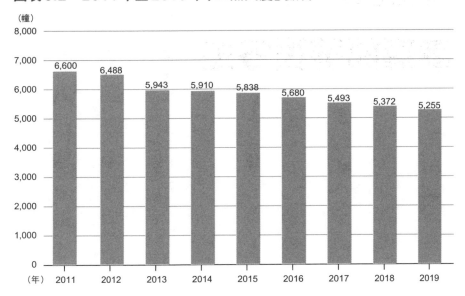

（幢）

年	數目
2011	6,600
2012	6,488
2013	5,943
2014	5,910
2015	5,838
2016	5,680
2017	5,493
2018	5,372
2019	5,255

資料來源：立法會秘書處

舊樓正在加速老化，同時重建步伐亦會繼續加快。如果套用我們「舊樓期權」的概念，代表這個期權被行使的可能性正在加大！所以如果你有閒置資金並希望尋找投資機會，「舊樓」可能是你值得了解的項目，本章將從租務回報開始，為你逐一拆解舊樓的「內涵價值」。

6.2

劏房的前世今生

提起舊樓，不少人都會想起唐樓內的劏房，調查指出，香港八成的劏房都位於唐樓之內，將一個物業「劏」開，分為多個尺寸較小的單位出租，打破呎數下限亦突破租金回報上限！劏房呎租曾一度高達42港元一呎，比豪宅更高，使唐樓在過去一度成為投資者的追捧對象。

劏房回報高，「包租公」和「包租婆」更是很多香港朋友嚮往的身份，「跐跐腳就有錢收」，而一個月收十份八份租更加是一個身份象徵，只要持有少量物業然後「起勢劏」，便能做到《七十二家房客》的效果。

做劏房好好賺？過去的確如此！以下是筆者Thomas的親身經驗分享。

收租、升值、加按　不停「錢生錢」！

早於2003年，Thomas判斷未來市區住宅的供應將短缺，亦留意到唐樓單位夠大而出租率低，便開始投資舊樓，將唐樓改裝成高質素劏房分租，成功獲利。以下是Thomas其中一個早期買入的單位實況：

圖表6.3　Thomas於2003年買入的單位情況

買入日期	2003 年（沙士後）
買入價	40 萬港元（@650 元一呎）
印花稅	100
呎數	611 呎
工程費用	12 萬元（@4 萬元一間）
劏房數目	3 間
初始每間租金	3,000 元
每年總租金	10.8 萬
租金回報	20.8%

現時每間「劏房」的租金已經從2003年的3,000元上升至2022年的5,000元，以當年的買入價加工程費計算，現時的租金回報高達34.6%。

「沙士」後，由於樓市氣氛差，負資產令大多數人不敢沾手買樓。而唐樓在眾多物業之中，因為無電梯、外表殘舊等原因，價錢更低水，當時呎價只需不足1,000港元。Thomas趁機買入一間1963年落成，樓齡40年的唐樓，買入價為40萬，印花稅只需100元，佣金8,000元，每間房的改裝工程費用只要4萬；當時的租金約為每間房3,000元，即整個物業每年的租金收入為10.8萬，有21%回報，還能隨著市況上調租金。如果持貨至今，租金回報更接近35%，跑贏整體樓市。

「沙士價」加上低水物業，成就了一個非常吸引，高達20%回報的投資項目，租金5年已經可以回本，再配合之後經濟復甦，租務市場非常活躍，多年來空置率都相當低，往後多年的租金都是淨賺。

重點來了，Thomas還利用他的物業有效「變薪」！由於樓價在數年內以倍升計，而每當樓價升到一定水平，Thomas便會將手上物業當作提款機加按套現！當年向銀行借錢相當容易，一般都能借到樓價的六至七成，而且買賣沒有太多限制。套現到的錢，Thomas便會再投資買入其他物業，以錢生錢，不停為自己「加薪」。

圖表6.4　劏房賺錢方程式

時移世易　今日劏房難賺錢

市場上最不缺就是聰明錢，不少人都發現了這個賺錢方法，有很多人因而獲得巨大的財富，更有人稱劏房為投資者的恩物。不過，一個方法如果太多人用，終於會有失效的一天。如果你看完以上

Thomas 的成功例子，又想依樣葫蘆，一嘗成為「劏房包租公／包租婆」的滋味，你便要格外小心了。因為時到今天，這個劏房賺錢方程式已經不能再被簡單的複製，理由如下：

1. 和沙士時代相比，整體樓價比已升了數倍，現時唐樓價均價大約為 6,000 元一呎，雖說視乎地區和樓層等因素，樓價會有些許不同，但「低水唐樓」已經很難找到。

2. 近 10 年不單舊樓，所有裝修工程都價格急升，變相令投資物業的成本上升，現時劏房的成本要 10 萬元一間。

3. 自從 2010 年「第一辣招」推出後，投資者的買樓成本不斷上升，若以「借人頭」和「甩名」等偏門招式避稅，又帶來了額外的風險。

4. 加按的難度不斷提升，自 2011 年「正面信貸資料庫」加入按揭資料後，銀行間便能互通消息，提高了對於加按的入息要求。近年，不少大型銀行甚至開始拒絕劏房、唐樓的按揭申請。

5. 以往政府對於劏房可以說是「隻眼開隻眼閉」，很少會主動巡查。但數年前開始有社區團體倡議要消滅劏房，而政府亦在 2022 年推出新的劏房租務管制，亦修訂了《業主與租客（綜合）條例》，要求業主申報自己的物業是否劏房，預計劏房將會面臨越來越大的政策風險。

6. 租務方面，近幾年的經營亦越來越困難，疫情後出租率大跌。就算物業能維持出租率，業主亦必須嚴選租客，因為經濟不景時，租霸、欠租的情況更易發生。

7. 維修保養算是劏房的死穴，尤其過了十多年，許多唐樓比以前更殘舊，又欠缺保養，加上劏房單位因為多人居住，折舊和損耗都很快，若果當初施工質素不夠好，很大機會出現漏水等暗病，維修保養的開支將會抵銷大部分租金收入。

雖風光不再　仍有少許「賺頭」

那是不是現時經營劏房已經再無「著數」？我們用回Thomas上述單位的現時市價做例子，該單位已經從2003年的40萬港元升值至今天的366萬，假設你今天才買入並開始經營劏房：

圖表6.5　假如今天才買入上述Thomas單位的情況

買入價	366 萬港元（@ 6,000 元一呎）
印花稅	5.5 萬元（首置）/　55 萬元（非首置）
呎數	611 呎
工程費用	30 萬元（@10 萬元一間）
劏房數目	3 間
每間租金	5,000 元
每年總租金	18 萬元
租金回報	4.5%

對比現時的平均租金回報大約為2-3%，上述劏房仍能有大約4.5%的租金回報，看似仍然「有數圍」，但對比沙士時期，吸引力明顯大為減弱。

不過，過往的成功的確不能再簡單複製，為甚麼説舊樓乃至唐樓仍然是「寶藏」？就是因為它愈來愈舊！如前文所説，在技術和政策上愈來愈適合「博重建收購」！如果懂得挑選，舊樓仍然是租金回報略高於市場，同時具爆炸力的投資選擇。

補充知識：合理借錢　加按與二按有別

上文提到Thomas利用「加按」以錢生錢，但正如本書常強調借錢雖為創造現金流的好工具，但必須「合理地」借！反觀另一邊廂，最近發生一則樓市熱話，某前新聞小花的港島區「四按」豪宅被接管，成為銀主盤，筆者想趁機講解一下加按與二按的分別，與及加按物業的正確思路。

本書出現的不少變薪方法都會提到「加按」，**所謂加按是按照金管局指引下進行的借貸，業主藉此將物業升值或者已還款的部份套現出來。**例如一個買入價600萬的物業，現時市值1,000萬，如果按揭還款餘額為300萬，而現時加按最多可借按揭六成，業主便可套現300萬元。

而「二按」即是第二次按揭，**二按不受金管局監管，業主在未供完原有按揭的情況下，將物業抵押給其他金融機構再申請貸款。**至於三按、四按即指業主之後再向不同機構以物業抵押貸款。現時二按一般由財務公司提供，正規的二按都會先通知銀行，但三按四按就未必了。若果業主無力償還，需要變賣資產時，所得利益會先分配

給銀行，若有剩餘，才會分給往後的債權人，所以普遍加按次數越多，利息便會幾何級數提高。

由於二按一般年期較短，而利息較高，一般都只當作應急錢或過渡貸款之用。如果涉及到三、四按，甚至出現十按，除非樓價急升，否則業主能清還貸款的機會已十分渺茫，**故此本書建議的加薪方法，主要都只是採用受監管且已評估個人還款能力的「加按」，若大家要使用二按甚至三按、四按時，千萬要小心考慮！**

6.3

手把手挑選優質舊樓博重建

上一章節已和大家剖析過，將舊樓劏開出租的回報率不如從前，已經是不爭的事實。猶如收息股宣佈減息一樣，派息少了，自然更要看重股票本身未來是否有增長的潛力。所以，今時今日如果有人教你投資舊樓，卻只跟你講如何劏房「劏到盡」，如何提升租金回報，已是舊時代「產物」。今時今日想投資舊樓，必須更重視其未來的爆炸力，即是被收購的可能性，才算是真正優質的投資。

挑選及持有舊樓的確是一門學問，需要先裝備一定程度的知識，不過即使你不打算投資舊樓，也不代表上述知識與你無關，畢竟你手持的物業也終有變老舊的一天。另外，愈來愈多年輕人士繼承了老一輩的舊樓，但得物無所用，不懂得如何處理；要不「亂沽一通」平價賣出，要不隨意丟空，以為發展商很快會自動「送上門」，敲門送來一千幾百萬「收購費」。

在物理結構上，物業註定隨著時間而貶值，特別是老舊物業，樓齡愈大衰老得越快，如果選擇或處理不慎，分分鐘發展商還未敲門，

你已經白白送出不少的維修費用，也包括管理的時間和精神。所以無論你是主動出擊買入舊樓，或是管理現有物業，關鍵都在於「識揀」二字！

選對舊樓博重建　潛力猶如「爆升股」

如果你學識挑選有重建潛力的舊樓，其爆發力可以等同爆升股。假設你最初以平均呎價6,000港元買入一間唐樓，被發展商「睇中」並以高價收購，例如12,000元一呎，即時呎價倍升都不是夢。但既然博重建的利潤這麼高，當然不是所有舊樓都合乎資格，若隨便投資，即使「坐艇」坐多20年都不會有好結果。

想提高命中率，識別自己手上的舊樓是否值博，你就要學識以下的大原則：

1. 城市規劃

大家都知道「Location」的重要性，地段的位置會直接影響物業價值。但除此之外，其實亦要了解物業的地段有何城市規劃要求，特別要留意地契之中有沒有加入其他條款，如高度限制，單位數量限制等等，如果有，重建時可能要補地價，影響收購價值。

2. 未使用地積

地積比率（Plot Ratios）是指一個地段上可興建的總建築面積比例，比率越高，代表可興建的總面積越大。現時市區商住項目的地積比

一般為9倍。而舊樓由於當時建築技術所限，未能用盡地積比，因此舊樓的地積比越低，代表其建築面積越未被「用盡」，重建後能釋放的地積比越多便越值錢。一般而言，地積比7倍以下的舊樓比較受歡迎。

3. 地盤大小

重建地盤最少要有3,000呎，而地盤越大，發展商在開畫圖則時便越有效率，現時普遍5,000呎的地盤會較受歡迎。如果你的唐樓所在地段不足3,000呎，便要和相鄰的物業聯手，合併至3,000呎以上才有機會被收購。

4. 業權分佈

發展商通常會與個別業主洽談收購，因為人各有志，業權越分散，難度自然越高。按照現時政策，需要收購80%以上業權方可以開展強拍程序，因此，如果你的大廈有超過兩成業權由一個堅拒收購的大業主持有，又或者業主失踪比例高於兩成，物業能達成收購的機會便很低。最理想的情況當然是大部分業主都願意出售，意向清晰，業主立案法團便能主動聯絡發展商洽談收購。

大原則講完，以下是一個近年發生的舊樓收購實例。

挑選舊樓四大原則　分析洗衣街實例

2020年，一幢洗衣街的舊樓由一組本地財團以3.1億全幢收購，並即將重建為一幢22層的全新商住項目，先來了解一下案例中的物業資料：

圖表6.6　2020年被收購重建的洗衣街舊樓資料

物業資料	
地址	洗衣街 181 至 183 號
地盤面積	3,310 平方呎
地契年期	由 1931 年 6 月 29 日起，為期 75 年，可續期 75 年。
落成年份	1977
樓齡	43（截至 2020 年）
現時批則面積	21,783 平方呎
分區規劃	住宅（甲類）
高度限制	香港主水平基準上 100 米
最大可建面積比率	商住 9 倍 住宅 7.5 倍
最大可建面積	29,790 平方呎

這棟舊樓何以「雀屏中選」？讓我們回到「四大原則」，套用看看此項目是否符合。

1. 城市規劃

項目位於旺角，屬於市中心地區，值得加分。從《分區計劃大綱圖》可以見到，該地段可以作為甲類住宅（R（A））發展，如重建可以發展為住宅、寫字樓、酒店等。高度限制為基礎水平上100米，足以興建大約30層左右的多層建築物。

而地契亦沒有加入其他要求，買入土地就能將進行重建工程。地契年期為75+75，唯一美中不足的是並非999年的無敵地契。

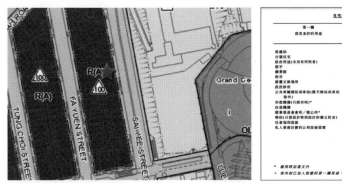

該項目如重建可以發展為住宅、寫字樓、酒店等。

2. 未使用地積比

原物業已建的樓面面積為21,000平方呎，以地盤面積3,310呎計算，地積比為6.5倍。若進行重建可以建成商住混合項目，能

釋放 2.4 倍地積比，重建後最大可建總面積為 29,790 呎，比現時只多 8,000 呎，重建潛力尚算不過不失。

3. 地盤面積

上面提到重建地盤入場面積為 3,000 呎左右，不過實質上地盤面積太細發展商開則會很困難，每層樓面扣除公共空間，如電梯、電力設施、後樓梯後所餘的面積不多，這個項目為 3,310 平方呎，未來開則的實用率應該不會太高，能否提高就要看建築師如何發揮創意了。

4. 業權分佈

這個項目的一項最大優點，是業主組合簡單。地段兩個號碼中，181 號由一間公司持有，而 183 號則由另一家玩具公司及其家庭成員持有，最重要是賣家的出售意向清晰，比起要與 20 多個業主個別商議，發展商更傾向與單一業主或者意向統一的團體洽談收購。

項目最初在 2019 年中公開招標，最後在 2020 年 3 月成功出售，造價 3.1 億，估計住宅部分所佔的呎價為 12,000 港元至 12,500 港元，算是一個不錯的賣出價。

以上都是相對專業的知識，想主動出擊，在舊樓中「尋寶」的話，是就必須要裝備。不過，你可能會好奇，如果希望優先幫自己或家人手持的舊樓「把把脈」，判斷一下博收購的可能性，以下便是值得參考的簡易標準。

兩項簡易標準　檢視手持舊樓值博率

①自己的舊樓是否「孤兒」？

簡單來說，任何新建的多層物業都需要電梯和走火警用的樓梯，樓盤大與小都需要，而且不能壓縮得太過份，畢竟是有法例規定的。所以，一個樓盤的面積愈大愈能吸引發展商收購。你所持的舊樓地盤面積大嗎？若然你隔離左右都是舊樓，兩三個相連的「門牌」可以合併起來，被收購的機會便會大增。相反，如果你的左邊和右邊都已經是新建的物業，收購機會便大減了。

②自己的舊樓是否「太高」？

上文提及「未使用地積」，通俗一點就是原本的物業是否已經「起到盡」，背後的公式相當複雜，但舉個簡單例子，假設物業所座落的地方面積是一樣的，某個物業有10層樓高，而另一個物業只有6層樓高，前者已用盡「地積」的可能性更大。不難想像，發展商收購回來的物業「未使用地積」愈多，意味著未來重建帶來的經濟好處更大，該物業被收購的機會自然較高。

閱讀至此，相信各位手持舊樓的讀者都知道該從甚麼角度去檢視自己的物業，以下來作小總結：

- 如果你發現自己的舊樓既是「孤兒」,又樓高10層,似乎無甚被收購的價值,更需要不斷維修,不如盡早賣出尋找再投資機會。

- 如果你與左右門牌連成一線,又知道街坊們都有意等收購,如果遇到任何形式的洽談,不妨積極談判和開價,為自己爭取最大的經濟利益!

當然,如果你是手持閒置資金又想尋找投資機會的朋友,便應該好好了解上述的四大原則,裝備好相關知識,相信以上資訊定能助你更快速判斷和挑選合適的項目!不過,雖然舊樓當中有不少寶藏,但當中其實亦暗藏地雷。接下來的章節,讓我們來看看投資舊樓需要留意的「避雷位」。

6.4

港樓避雷① 「有買貴無買錯」？

接連數個章節跟大家剖析過舊樓的值博之處，大家亦應該已學懂如何去「尋寶」。但相信有些朋友在閱讀之時，心裡都有個疑問：舊樓博重建真的如此「著數」嗎？畢竟大家都對第三章所提及「影帝蝕讓」的案例記憶猶新！因為在案例中，影帝不但賠上時間與律師費，更連物業的成本價都蝕了！難道舊樓收購是地雷嗎？

為了替讀者們解開迷思，讓我們現在更深入地探討影帝案例。有關官司途中身在海外，引致談判上延誤，無法爭取最佳收購價等因素，我們已經在前文討論過，現在讓我們從另一角度分析為何該收購會蝕讓收場——因為在官司前已經種下了蝕讓的種子，就是「買得太貴」！

無論在樓市或股市，相信各位都聽過一句金句：「有買貴無買錯」，但這句話其實相當誤導！現實世界裡，很多時候「買貴」就是「買錯」，而且錯得離譜。讓我們從土地註冊處以及報章等公開資料去「查案」，看看為甚麼「有頭有面」的投資者都會「損手」離場？

重溫影帝案例 買貴即是買錯！

翻查影帝投資的舖位（土瓜灣新柳街舖位），買入時間是2013年，買入價格1,500萬港元，舖位面積約380呎，呎價接近4萬。即使2019年整體市道暢旺，但和當區的呎價相比，該舖位價格仍是十分高。比較一下從土地註冊處找到的資料，截至2019年，影帝的舖位較位處同區而大小相近的單位貴30 - 50%。

圖表6.7　影帝舖位與同區舖位呎價比較

	位置	入伙年份	呎數	成交年份	成交價（港元）	成交呎價（港元）
影帝舖位	新柳街	1959	390	2013	15,000,000	38,462
Shop A	浙江街	1969	530	2019	8,000,000	15,094
Shop B	江西街	1979	530	2019	13,900,000	26,226
Shop C	鴻福街	1959	450	2019	11,500,000	25,556

從以上圖表可見，相比市況暢旺的2019年，影帝舖位的買入價仍然是特別高，如果以2013 年的市況來說，38,000元一呎在土瓜灣區更是屬於「天價」！為甚麼影帝會在2013年以「天價」買入上述單位？翻查資料，原來2012年影帝曾經賣出中環威靈頓街的某個舖位成功獲利，此後便積極透過地產代理尋找新的投資項目，估計因而看中了一些有機會博重建的地鋪，包括案例中新柳街的舖位。

的而且確，於該段時間，新柳街舖位的鄰近地段正正有財團進行收購，收購也正值是雙方「開天殺價，落地還錢」的過程。還記得上一章節分析過「地盤面積大小」對收購的重要性嗎？幾個「門牌」一起洽談，叫價亦自然更高。估計接近4萬的呎價可能曾經出現於一些叫價當中，但隨後未成事之餘，周邊項目已經「上馬」，潛在的地盤面積縮細，此後再遇上收購，叫價亦自然大不如前。

避雷要點：鄰近物業收購價不能作準

在此我們看到重點，在投資博收購的物業上，鄰近地段或物業的作價都不能作準，曾經的談判價格更加不能作參考！因為每一個業主與發展商談判時的情況都不同，有時發展商對於個別的收購對象，會開出較優厚的條件，例如只差一份業權便能達到收購門檻，又或者遇著有備而來的投資者，懂得與發展商討價還價，亦能大幅提升收購價。畢竟即使個別單位的收購呎價較高，對發展商來說，反正對項目的總價影響不大，不如加快收購節奏。

但如果作為外人，自己物色到或者經代理推介一個有投資價值，「很大機會被收購」的物業，千萬不要以鄰近收購價錢作參考，用收購價接手該物業代表已沒有賺錢的「水位」！如果沒有仔細研究，沒有「平」與「貴」的概念便盲目入市，便會發生影帝的情況，以高溢價買入物業，即使博到收購，也沒有賺錢空間，更甚會蝕錢收場。

圖表6.8　影帝強拍蝕讓時序表

2013 年

影帝以 1,500 萬買入土瓜灣舖位，呎價 38,000 元

2020 年

財團提出收購時，影帝身在外地，謹派代表反對收購，認為收購價值應高於買入時的 1,500 萬。

2020 年

財團正式向土地審裁處申請該地段的強制拍賣令，當時影帝都在外地拍攝電影。

2021 年

財團與影帝達成協議，舖位以 1,350 萬賣出，帳面蝕 150 萬。

以上案例不只適用於舊樓投資，而是各位在買入任何物業前，都必須裝備好相關知識，做足功課，不要胡亂買貴或者買錯！

6.5

港樓避雷② 揭穿無牌集資

上一章節提到投資物業必須做足功課,尤其想到舊區尋寶,必須從多角度考慮,仔細分析前文的「四大原則」,不能光看鄰近的成交價或街坊流傳的收購消息。雖然現在資訊發達,但相比大戶或者行內人士,小業主的消息一定較不靈通。既然單人匹馬去尋寶容易「中伏」,那麼將資金交給專業人士去操作會否更為可取?

近年,舊區博重建成風,市場上又豈會缺乏聞風而至的投資者?甚至更出現不少與舊樓有關的項目「集資」,一眾小投資者集合起來扮演地產發展商的角色,表面上商機無限,但內裡是否暗藏風險呢?

以下圖表6.9是是近年一個坊間的「集資項目」。

圖表6.9　一個由坊間發起集資的高端商住混合重建項目資料

位置	大角咀
地盤面積	5,000 平方呎
收購比率	已超過 90% 業權
現時總面積	33,000 平方呎
參加形式	投資者合組有限公司，成為股東
股東入場門檻	最低 50 萬一股
項目總規模	7 億港元
重建後可售面積	住宅 37,500 平方呎 商鋪 7,500 平方呎
預計落成後售價	住宅平均 30,000／平方呎 商鋪平均 20,000／平方呎
預期落成時間	4 年
預期回報	預期回報至少 100%，如公司貸款成功，回報會更高

以上資料中，相信最吸引各位投資者眼球的肯定是「100% 回報」，但這些特別吸引的字眼，同時也是特別需要注意的「地雷」。

重建項目利潤低　30% 近極限

將心比己，如果你是小業主，你會願意低價將有重建價值的物業賣給發展商嗎？當然不會！因為你博重建本來就是為了賺取高於市價的收購回報，而不是為了白忙一場。而現時地價佔重建後樓價至少三成，加上其他費用包括工程費、稅項、法律費用、經紀佣金等等，又佔去三至四成，其中工程費用更是年年上升，萬一樓市氣氛

轉差，發展商甚至要減價賣樓。老實說，現時一個重建項目有30%利潤已經非常成功！

一個重建項目的週期為4至5年，計算之下其實每年回報都只有5-6%。原來，發展商的利潤遠比你想像中小！不過，具規模的發展商一般都有押抵品放在銀行，故可以向銀行申請貸款，運用貸款發揮槓桿效果，回報便能倍增，因此給人發展商賺取暴利的印象。不過，正如上文所言，「暴利」並不是來自重建本身，如果撇除銀行貸款，重建項目通常只能帶來30%或以下的利潤。而一般由小投資者集資的團體，更難以獲得銀行貸款支持，一來銀行會質疑團隊是否有足夠經驗，二來團隊未必有抵押品，所以，參與由小投資者發起集資的重建項目，想賺取高回報是不太可能的；如果有人游說你參與一個回報50%的重建項目，你就要想想他是否可靠，如果回報甚至高達100%以上，就更加要深思熟慮了！

小心無牌集資　游走灰色地帶

現在再回到本章節開首提及的問題，既然自己的相關知識不及行內人，為免錯過「寶藏」，將資金交予專業人士代為投資，自己坐享其成豈不更好？可能是的，但你要先弄清楚自己找的是否真正「專業人士」！

根據《證券及期貨條例》，凡就機構提供融資意見，除非只作教育和傳媒之用，否則有關公司（或人士）都需要申領牌照。上述的重建集資屬於「集體投資計劃」，當然需要領取牌照。不過，假如你自行對號入

座，以為發起項目的團體都是專業人士，非常可靠，那就不正確了。

現時坊間有不少團體會以私人有限公司出售股份的形式集資，游走灰色地帶。《公司條例》第11條提到私人有限公司不能邀請公眾人士認購公司股份，但公司可最多有50名股東。若你參與的投資項目以出售公司股份的形式集資，而參與的投資者又多於50人，很大機會相關投資其實沒有領牌。若然項目屬於非法集資，投資者不但無法取得任何「專業意見」，更因為項目不受監管，一旦發生任何爭議亦投訴無門，即使碰上極端情況，例如團體負責人「走佬」，損失全部本金都沒有途徑追討！

真人真事　集資投資成爛地

負責人「走佬」只是舉例，但在現實中卻絕不罕見。筆者曾經於幾年親眼見過一個投資項目，某團體發起籌集數億資金，起動一個新界區的住宅項目，號稱回報近一倍，非常吸引亦非常可疑！時隔幾年，筆者早前再路經該地段，發現仍然只有一片爛地，詢問建築界的朋友後，才得知該地有很多建築限制，項目最終可能要「爛尾」。該團體的負責人如何「收尾」，向投資者支付承諾的「100%回報」？不知道，反正他已經轉戰股票圈，忙於發起其他新項目了。

市面上的確有投資公司以基金形式集資後買地起樓，而且物業質素非常高，可惜有心有力的投資公司不多，有少部分更是存心詐騙！所以即使讀者想將資金交予專業人士代為操作，同樣要做足功課，查清楚相關公司或團體的背景，尤其是看見聲稱回報特高的投資項目，更要打醒十二分精神！

一手樓、抽新股與「呼吸Plan」

前文有關舊樓的討論已經相當全面，本章節來說說另一個極端，就是最新的「一手樓」。「一手樓」近年極受追捧，除了新落成、新規劃之外，還增加了「呼吸Plan」等另類元素，不過正如「呼吸Plan」也有利有弊，要分析「一手樓」同樣需要更全面的視覺。

買新樓相信不是人人試過，但抽新股相信大部份人都參與過，就算自己沒抽，都會從新聞或者「朋友圈」中感受過熾烈氣氛。通常某某新股準備上市都會大做文章，勾畫一個美好的發展前景，甚至宣稱自己是「未來企鵝」或「未來爸爸」，新股的認購數與招股價亦在正式上市前，隨著那一場美夢水漲船高。但其實，只要各位投資者理性想想，不難發現變成「未來企鵝」的美夢很有可能落空，畢竟要取代「龍頭」談何容易？就算退一步說，如果有兩間公司估值一樣，為甚麼我不買入現在的「王者」，偏偏要選擇新股呢？而這個抽新股的現象，與現時香港的一手樓情況十分相似。

新發展區變數大　單軌鐵路消失即跌價

以啟德為例，由舊機場轉變成新發展區，理論上發展應該相對順利，因為完全沒有阻力。啟德的定位是CBD2（第二中心商業區），有單軌鐵路連接，再配以大量甲級寫字樓及高檔住宅，筆者認為這最初概念與九龍站上蓋類近，所以發展商都願意高價投地，買家亦願意以較高呎價買入一手盤。

然而埋想與現實總有差距，2007年提出的單軌鐵，在經過十多年研究後，2022年突然宣佈擱置，未來區內的交通問題都不知如何解決。政府為了增加房屋供應，期間突然改劃部分商業用地為住宅；疫情過後再推出簡約公屋計劃，首輪5幅地中，竟然也有一幅在啟德區內。綜合而言，現時啟德的規劃與最初政府的藍圖出入頗大，不少區內業主都叫苦連天。如果你打算買入新發展區的物業，必須有心理準備，因為新發展區通常都充滿變數。

白石角溢價高　等地鐵通車不值博

香港樓市有一個有趣現象，當一個沒有地鐵的區份宣布即將興建地鐵站，區內的樓價會立即上升，有時甚至會升得還高過其他已經有地鐵站的樓盤。以白石角為例，2022年的施政報告提出東鐵綫的科學園／白石角車站，希望能在2033年前通車，消息一出便令區內呎價上升。但想深一層，即使白石角車站不會成為單軌鐵路的翻版而

無故消失，亦如期於2033年落成，但你現時以較高的樓價搬入白石角居住，至少10年仍未能享受地鐵帶來的便利，除非你出入都以私家車或者的士為主，否則區內的交通配套你一定要了解。

但換個角度想，如果地鐵站對你十分吸引，你買入白石角的主因便是地鐵站夠方便，那麼你為何不選擇已有火車網絡的沙田、大圍或者火炭？這些區域已經有成熟的交通配套，至少不用賭上10年時間去等地鐵通車，而且將來鐵路規劃會如何接駁其他路線也是未知之數。

作為銷售一方，發展商肯定會將新盤的優點放大以吸引買家，以上做法其實其實無可厚非；但是買家，特別是用家自己就有責任去判斷，是否願意去博一個希望，未來的規劃會如你心中所想？還是不如直接買入已發展的地區，至少能確定街市、地鐵站、醫院等周邊重要配套的位置呢？是否值得付出溢價去抽新樓，各位投資真的需要三思！

「呼吸Plan」加一手樓　風險倍增

發展商推新盤時，一般都會與連同財務公司推出不同的貸款優惠，其中近年最為矚目的便是「呼吸plan」。由於貸款經發展商包辦，所以申請條件較正式按揭寬鬆，坊間戲稱只要是仍有呼吸的活人，便可申請的超高成數按揭，基本上不需進行入息審查或壓力測試，所以有「呼吸Plan」之稱。

近年發展商亦不時調整貸款方案，最新的有「白食白住 Plan」，新買家最開始只需支付樓價一兩成的金額，期間只需支付利息，就可以入住單位，兩三年後才正式成交。

以上貸款方案聽來吸引，**但必須留意，任何發展商提供的貸款本質都是短期貸款，其年期不如一般按揭般長。若業主的財務狀況不佳，到期後就必須轉按。若業主的收入不足，更難以找到銀行提供按揭貸款，不得不依靠財務公司提供高利息貸款來解決按揭問題。**

所以新買家在考慮買入物業時，要清楚考慮自身的收入和負擔能力，過份依賴發展商貸款方案只是先甜後苦的做法。如果單純為了想以連帶的「呼吸 Plan」以至「白食白住 Plan」去減低首期成本，便必須更加深思熟慮，以免當發展區出現變化或者個人財務發生變動，導致意料之外的巨大損失！

6.7

納米樓與接火棒

之前的章節提到「劏房」打破了呎數下限,其實不只劏房,近年的一手樓同樣愈起愈細,簡直是有目共睹的「創舉」,所謂「就算皇帝都係瞓張床,紫禁城咁大,佢真正瞓覺時都係得張床」。本書經常強調選擇港樓時要小心「避雷」,不能輕信「有買貴無買錯」,而這些「納米樓」更是當中的表表者,隨時買貴兼買錯。

納米樓是近年香港新樓的特色之一,主要就是夠細,極端的例子就

是一個單位竟然比一個車位還要細,堪稱「奇則」。到底要幾「細」才算納米樓?我們不妨根據差餉物業估價署在《香港物業報告》,將物業分為五類。

圖表6.10 《香港物業報告》中的物業分類

類別	實用面積
A	少於 215 平方呎
	215 至 429 平方呎
B	430 至 752 平方呎
C	753 至 1,075 平方呎
D	1,076 至 1,721 平方呎
E	1,722 至 2,151 平方呎
	2,152 至 3,012 平方呎
	3,012 平方呎或以上

A類單位之中，最細的住宅單位類別為215平方呎以下，此類單位我們可以定義為納米樓，一般都是開放式單位，亦即發展商稱為Studio的房型。

納米樓溢價高　單位細過車位

為何説納米樓「又貴又錯」？在過去，發展商希望樓盤暢銷，當然會根據買家的負擔能力為基礎開則，而在當時環境下，市值400至600萬港元的單位最易賣出，太貴的單位反而容易滯銷。同一時間，發展商亦想利潤最大化，賣樓的溢價當然越高越好。隨著樓價急升，發展商的溢價越來越進取，納米樓呎價由2012年開始加速上升，到2014年已拋離其他單位類別，在呎價指數中佔榜首，到2022年底，納米樓呎價已比大型單位貴近三成。要將樓價維持在600萬以下，單位便惟有越劏越細，最極致的例子是只有170呎，比太古城的車位更細。

圖表6.11　差餉物業估價署公布的私人住宅單位售價指數

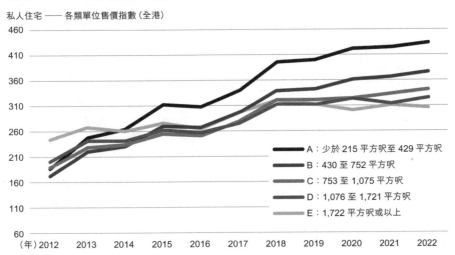

私人住宅 ── 各類單位售價指數（全港）

圖例：
- A：少於 215 平方呎至 429 平方呎
- B：430 至 752 平方呎
- C：753 至 1,075 平方呎
- D：1,076 至 1,721 平方呎
- E：1,722 平方呎或以上

其實納米樓的呎價已經透支了未來幾年的升幅！而且，因為納米樓的面積實在太小，開則變化有限，而近年的政策容許發展商興建環保露台，當納米樓再加上環保露台，擺放傢俬難度倍增，單位內能容納一兩人已是極限，部分家庭客事前根本無法想像自己是否適合居住其中。

按揭限制　成納米樓熾熱主因

雖然納米樓又貴又錯，但的確於過去十年大行其道，參照過去十年的報告，便會發現2012年前後，納米樓的每年落成量只有少於100伙，至2022年已飈升到1,700伙的高位，數量竟然增長了接近20倍，佔整體落成量8%。

圖表6.11　2012年至2022年納米樓落成量

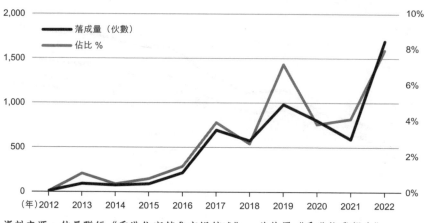

落成量（伙數）
佔比 %

資料來源：仲量聯行《香港住宅銷售市場綜述》、差估署《香港物業報告》

究其原因，納米樓的熾熱與當時政策及投資氣氛有關。過去數屆政府都以穩定樓價為首，而為了穩定樓市推出按揭限制，規定高成數按揭限於600萬港元以下，希望減少炒賣，結果令大量首次置業的購買力受壓於600萬以下，新盤之中，價格符合的便只有納米樓。在發展商的角度，只要Lump Sum 600萬以下，新盤開售每次都能沽清，在商言商，當然不介意開納米圖則。單位大細與是否住得舒適，未必是每個發展商首要的考慮，即使發展出比車位還細的納米樓也見怪不怪。

納米樓未必能住得舒適，但如果純粹作為投資而非自住，又是否值得考慮呢？參考數據，的確有不少買家賺錢離場，有納米樓的研究報告指出，2010至2019年的納米樓業主平均獲利25%，有利可圖，炒家自然樂意購買。

按揭放寬　納米樓前景成疑

既然納米樓的盛行原因之一是政府的按揭限制，若然相關政策有所變更，自然亦會牽動納米樓的未來。自2019年開始，政府提高了按揭保險的成數，800萬以下的物業皆可做到九成按揭，2022年再進一步將九成按揭放寬至1,000萬以下的物業。現時即使是資金有限的準買家，也能有更多選擇，以上車盤來說已不需局限於600萬以下的單位，可以說納米樓易做高成數按揭的優勢已經完全失去。

圖表6.12　近年按揭限制的主要變化

2019	九成按保上限800萬，八成按保上限1,000萬
2022	九成按保上限1,000萬，八成按保上限1,200萬

以往樓市暢旺，發展商即使透支升幅以高溢價賣納米樓，買家都不介意接火棒，因為只要升市持續，等待二手買家出現便可獲利。然而，音樂椅總會停下，近年加息碰上按揭放寬，納米樓本身的設計更不利使用，自然令不少潛在買家都轉往其他物業了。

總的來說，不宜浪費彈藥在此處，更萬勿輕易「接火棒」！

6.8

公司轉讓形式的辣與不辣

移民潮下，市場氣氛受影響，放盤的確是多了，出現了更多的潛在投資機會，正如前文所述的舊樓，但最重要是「識揀」。本書經常提醒讀者，理財規劃必須多角度、多元化，發掘投資機會亦如是；如果各位有細心留意近年的樓市，就會發現不只出現了更多的住宅樓盤，連從前比較稀少的「公司盤」也有所增加，也多了一些由公司持有的二手盤。對於投資者來說，同樣是一個人棄我取的機會。

一般來說，所有物業都是由個人或公司身份持有，大部分物業買賣都是透過轉換業主的方式進行，即一個普通人或公司向另一個人或公司購買住宅單位，並成為該物業的新業主。

然而，以股權轉讓形式進行物業交易卻是透過買入「物業公司」股份，成為公司大股東，從而取得住宅單位擁有權。直至交易完成後，住宅物業的業主都仍是同一間「物業公司」，但公司及物業的真正控制人已變成新買家。現時以股權轉讓方式交易物業，只須繳付0.26%的股票轉讓印花稅，稅率遠低於任何一類物業印花稅。

圖表6.13　以股權轉讓形式買賣住宅單位

圖表6.14　各項物業印花稅列表

物業印花稅種類	適用身份	首次推出日期	加強版推出日期	稅率範圍[1]
額外印花稅	所有賣家	2010-11-20	2012-10-27	5 至 15%（首次推出） 10 至 20%（加強版）
買家印花稅	非香港永久居民、公司身份買家	2012-10-27	/	劃一 15%
首置印花稅[2]	沒有持有任何住宅物業的香港永久居民	2016-11-5	/	100 元至 4.25%
雙倍印花稅（或稱新從價印花稅）[3]	持有一個或以上住宅物業的香港永久居民、所有非香港永久居民	2013-2-23	2016-11-5	1.5 至 8.5%（首次推出） 劃一 15%（加強版）

1 政府收取的物業印花稅率將按物業的售價或價值（以較高者為準）作標準
2 首置印花稅的官方名稱是從價印花稅（第 2 標準稅率）
3 雙倍印花稅的官方名稱是從價印花稅（第 1 標準第 1 部稅率）

「股權轉讓」買住宅　破解樓市「辣招」

以一個市值1,700萬的住宅物業為例，比較一下不以同形式買樓的印花稅。

圖表6.15　市值1,700萬的住宅物業印花稅計算

	一般買賣形式 （首置）（港元）	一般買賣形式 （非首置）（港元）	以買賣公司形式 （港元）
樓價	17,000,000	17,000,000	17,000,000
印花稅	637,500	2,550,000	44,200

從上圖可見，如果是非首置買家以買賣公司形式去買賣住宅單位，能節省250萬印花稅，即使是首置買家，亦能節稅近60萬！基於節稅的吸引力，每年市場上都有過千宗的住宅物業是以買賣公司形式成交。所以，亦經常有人說，以股權轉讓方式買住宅是破解樓市辣招的「秘技」，完美解決「首置人頭」的問題，而且將來照辦煮碗，再次以賣出公司的方式賣樓，理論上亦可以避免SSD額外印花稅。

甚麼是SSD？

- 如物業持有期為6個月或以內，稅率為20%；
- 如物業持有期超過6個月但在12個月或以內，稅率為15%；
- 如物業持有期超過12個月但在36個月或以內，稅率為10%。

追收利得稅宗數少　公司盤仍吸引

所謂「你有張良計，我有過牆梯」，明知可能是一個漏洞，政府自然會「出招」堵塞。最主要的招式便是向進行物業投機行為的公司股東

追收利得稅（Profit Tax）。這個方法聽來可行，但實際「執法」成效
又如何呢？翻查政府紀錄，自 2010 年開始，稅務局就涉及轉讓持有
物業公司股份的懷疑炒賣個案跟進和完成覆檢的數據表列如下：

圖表6.16　涉及轉讓持有物業公司股份的懷疑炒賣個案數據

財政年度	跟進個案數目	完成覆檢個案數目	須課利得稅個案	
			個案數目	已評定稅款（百萬元）
2016-17	871	859	39	21.04
2017-18	1,414	1,364	36	33.66
2018-19	1,324	1,061	35	19.21
2019-20	788	374	7	5.49

以 2018-19 年度為例，有約 1,300 宗個案涉及以買賣公司形式轉售
物業，但最終需要繳付利得稅的個案只有 35 宗，即是少於 3%。單
看歷史數據上看，因為買賣公司而要負上利得稅責任的概率可謂相
當低，那是否代表「公司盤」非常吸引？有沒有其他隱藏風險？

「有辣有唔辣」　睇清隱藏成本與風險

不過，正如本書早在第二章所言，慳稅只是理財規劃的其中一環，
重點是將利益最大化，所以作為精打細算的買家，亦不能只著眼節
稅的效果！買賣公司的確會伴隨其他的成本，包括各類型的專業費
用，以下是筆者的真實經驗分享，讀者可以從中理解買賣公司該考
慮的隱藏成本及風險。

隱藏成本① 專業費用

因為買家只是直接買入公司的股份，但物業仍是由原先的公司持有。如果公司涉及任何債務或訴訟，買家是需要負上責任的。為了避免承受法律風險，買家需要聘請律師及會計師為該公司進行「盡職審查」，查核公司的營運及財務狀況，是否涉及不良訴訟及違法行為等。相關專業費用視乎公司的成立歷史及真實狀況，可以高達6位數。

隱藏成本② 融資利息

銀行一般都不會在公司完成轉讓前提供按揭，換言之買家需要full pay買樓。買家如沒有足夠現金full pay，便需要自行向財務公司尋求過渡性貸款，但利息肯定比較昂貴，年息10幾厘已算是相宜的價格了。

隱藏成本③ 維護成本

買家買入的是一間公司，換言之後續是需要繼續管理這間公司的，這樣就涉及一系列的費用，包括商業登記費用、周年申報表政府費、會計、核數及報稅費用等等，預算至少也要幾千元一年。

以上只是隱藏成本，但支付相關費用後，仍不能將所有風險排除的，以下便是各位必須了解的風險：

隱藏風險① 遇上無良賣家 存心拖延

以個人名義買賣物業，流程上都會先簽署臨時買賣合約，一經簽署，即具有法律效力，對買家和賣家都有保障。任何一方違約不買或者不賣的話，都需依該合約條款作出賠償，一般都是賣方賠雙倍訂金或者被沒收訂金，同時違約的一方還要支付地產經紀雙方的佣金。

而以公司股份轉讓形式買賣物業，流程上需先進行盡職審查（Due Diligence）。DD期間，樓價可升可跌，萬一樓市升而賣家改變主意，不排除「出陰招」，在DD文件往來上拖延及留難，迫使買家知難而退。相比之下，如果賣家是公司，要向其追討違約肯定比追討個人賣家困難和涉及更多的法律成本。

隱藏風險② 加快成交 印花稅失預算

轉讓公司以交易代價款額或價值為基礎計算印花稅，以較高者為準。假設你覺得某公司持有的物業值1,000萬港元，因此花1,000萬買入該公司，但卻可能發生一個意想不到的稅務狀況，就是稅局覺得該公司值1,100萬！

筆者便遇過這樣的一個案例，轉讓公司的形式買入一間價值1,680萬的物業，理論上印花稅應該是43,680港元，但最終需要繳付的印花稅卻是59,996元，多出的17,000元何來？原來賣家的會計師處理賬目時沒有考慮到買賣雙方交易的合理性，在賬目上遺留了Retained earning以及股東貸款等項目，稅局在評印花稅時卻將以上項目包括在計算當中。

雖說 17,000 並非大數目，但始終是意料之外的狀況，而且代表這類型的問題的確有掛一漏萬的可能性，畢竟買家一般都希望盡職審查盡快完成，有瑕疵可能也得接受，以便早日成交。

隱藏風險③　按揭「借唔足」融資利息增

上文提及買公司可能需要借過渡性貸款，而利息一般是按月計算的，但需要有心理準備，銀行批核公司的按揭申請肯定會比個人的按揭申請更費時，如果未能於短時間內完成批核或者「借唔足」，買家要付出的財務利息將會更多，隨時大失預算！

以 1,000 萬的物業為例，假設你向財務公司借 500 萬，月息 1% 計算，一個月的利息便是 50,000 元，若 3 個月才完成按揭申請，利息支出便是 15 萬元了，而且視乎借貸的條款，實際利息差別可以很更大。

權衡成本與風險　買賣公司仍值博

總括而言，以買賣公司形式買樓的確能節省印花稅，不過亦伴隨其他的成本及風險，圖表 6.17 是較貼近現實的成本計算。

圖表6.17　以一般形式及買賣公司形式的買樓支出比較

	一般買賣形式 （首置） （港元）	一般買賣形式 （非首置） （港元）	以買賣公司形式 （借過渡性貸款） （港元）
樓價	17,000,000	17,000,000	17,000,000
印花稅	637,500	2,550,000	44,200
律師費	15,000	15,000	70,000 （包括盡職審查）
佣金	170,000	170,000	170,000
過渡性貸款金額	/	/	8,500,000
過渡性貸款利息 （第一個月1.25%）	/	/	106,250
過渡性貸款利息 （第二個月1%）	/	/	85,000
總費用	822,500	2,735,000	475,450

從圖表可見，以買賣公司形式買樓，的確能節省交易成本，但相對地，不確定的變數與支出也更多，所以提前做足功課和裝備知識是必須的，亦不要忘記要尋求專業及相熟的地產經紀，並安排好未來的公司維護費用及各種手續。

公司盤也可結合安老按揭「變薪」！

最後，心水清的朋友可能會問：如果以公司股權轉讓形式買入物業，日後還能用用第五章所教的安老按揭招式「變薪」嗎？物業並非由個人持有，是否不可行呢？

答案是日後仍然可以配合安老按揭來「變薪」的，不過要先將物業由公司轉回個人持有。其中一個方法，我們可以解散公司並委任清盤人將資產分配給股東，又稱為「實物分配」（Distribution in specie）。此步驟不涉及任何印花稅，因為清盤人只是根據法律將公司的資產「歸屬」予股東。但前提是公司沒有未償還的債務，在不需要支付任何債務的情況下，清盤人便可以直接將資產分配給股東。所以，只要懂得規劃，物業不但可以由公司轉回自己手上，更可能連印花稅都省回。當然，清盤過程及相關稅務問題較為複雜，最好的方法仍然是直接諮詢相關的專業人士，讓他們代為處理。

以上就是本書的全部內容，感謝各位朋友閱讀至此！港樓是普遍家庭最大的資產，希望本書能幫到大家擴闊思維，盡早規劃港樓「變薪」，甚至是變出「花紅」，讓生活乃至退休過得更豐盛！甚至實現更有效的財富傳承，將財富「薪火相傳」下去！

後記

港樓 & Financial Life Planning

本書以近年最大的生活議題「移民」和「退休」出發,將港樓與理財規劃結合,針對性討論如何有效地將港樓「變薪」,甚至為自己「加薪」之餘,還可以將這個重大的資產好好的「薪火相傳」下去。

不過,關於如何將港樓融入理財規劃的討論及應用絕對不止如此,畢竟物業與人生每個階段都有著深刻的關係。儘管每個人的人生都不一樣,但大致可分成四個階段:保本、增值、退休、傳承。

針對四個人生階段,「教科書」通常會提供以下的理財建議:

人生階段	理財建議
階段 1:基礎保障(「保本」)	購買保險,比如醫療保險及危疾保險,做好保障計劃,應付突如其來的開支,避免陷入負現金流。
階段 2:財富累積(「增值」)	購買股票基金及儲蓄保險,使財富增值及為未來生活乃至退休儲蓄。
階段 3:財富提領(「退休」)	購買年金及派息基金,為自己的退休生活準備一份長糧。

階段 4：財富分配（「傳承」）	善用遺囑及人壽保險為未來離世後的財富分配做準備。

由於生活不是教科書，亦如本書一再強調理財應該以「人」為本，讓我們將以上四個階段簡稱為更貼近生活的「保本」、「增值」、「退休」和「傳承」。基於西方對於物業的喜好程度與華人不一樣，這些教科書式的內容通常都沒有包括「物業」，但港樓對於香港家庭來說，的的確確在大家不同的人生階段都發揮著重要的角色，將欠缺的一塊「港樓」拼圖放回其中，理財規劃才會更完整：

人生階段	物業的角色
階段 1： 基礎保障 （「保本」）	居住成本是貫穿整個人生的開支，而且必然會有通脹風險，想保護自己的財富不受蠶食或做對沖，及早準備自住物業是一勞永逸的方法，是基礎保障方案中不可或缺的元素，否則將面對一條永久的負現金流。 **重溫內容：第一章**

階段 2: 財富累積 （「增值」）	物業兼具自住及投資屬性，而且是最能發揮槓桿優勢的資產，可以將你的未來收入折現成當下購買力，所以物業乃至按揭知識的重要性絕對不亞於股票知識。同時，在漫長的財富累積階段，大家的生活必然不停變化，物業的規劃亦必須跟上生活的步伐，例如本書的其中一個討論重點——「移民」。 **重溫內容：第二、三、六章**
階段 3: 財富提領 （「退休」）	物業除了可以有助財富累積之外，更是退休不可或缺的資產，如何挑選合適的物業供退休居住，是每個人必須考慮的課題。自製長糧方面，港樓可以收租、申請安老按揭，也可以善用按揭配合其他投資來活化你的物業，提供現金流的同時亦保留資產增值的機會。 **重溫內容：第四、五章**
階段 4: 財富分配 （「傳承」）	港樓有別於金融資產，不能隨意切割，難以如金融資產般平均分配給後人。而且基於香港的樓市「辣招」，想將港樓的部分業權留給子孫，隨時令子孫失去「首置名額」。如果子孫移民，更需要進一步考慮外國的稅務事宜。另外，物業是會老化的，幾十年後傳承哪一個物業或甚麼物業給子女，是需要提早規劃的課題。 **重溫內容：第三、五章**

很高興能夠通過本書，與大家分享筆者們的知識與經驗，並一起探討近年的熱門話題。期待未來繼續在不同的場合為各位朋友送上更多、更新的「物業 + 理財」資訊，幫大家用盡手上財富，在每一個人生階段走得更為順暢！

Wealth 152

港樓變薪術

作者	李澄幸（Ray）、陳智鑾（Thomas）
內容總監	曾玉英
責任編輯	Alba Wong
書籍設計	Yue Lau
相片提供	Getty Images

出版	天窗出版社有限公司 Enrich Publishing Ltd.
發行	天窗出版社有限公司 Enrich Publishing Ltd.
	香港九龍觀塘鴻圖道78號17樓A室
電話	(852) 2793 5678
傳真	(852) 2793 5030
網址	www.enrichculture.com
電郵	info@enrichculture.com
出版日期	2023年5月初版

定價	港幣 $138　新台幣 $690
國際書號	978-988-8599-95-0
圖書分類	（1）投資理財　（2）工商管理

免責聲明

本書提供一般財務、稅務及法律信息，僅供參考，並不構成對任何人士提供任何稅務、法律、財務意見或任何形式的建議。

儘管我們盡力提供準確，完整，可靠，無錯誤的信息。我們並不會對此等資料的準確性及完整性作出保證、陳述或擔保，及不會對此等資料承擔任何責任。本書所提供的資料、數據可因應情況、各國政策修改而不作另行通知。

無論基於任何原因，本書之部分或全部內容均不得複製或進一步發放予任何人士或實體。

支持環保　此書紙張經無氯漂白及以北歐再生林木纖維製造，並採用環保油墨。